★★★★★★★

S.W.E.E.T 100 DAYS

시간관리 다이어리

안나코치 김안숙 지음

Booksgo

2019년

1월
Sun	Mon	Tue	Wed	Thu	Fri	Sat
	1	2	3	4	5
6	7	8	9	10	11	12
13	14	15	16	17	18	19
20	21	22	23	24	25	26
27	28	29	30	31		

2월
Sun	Mon	Tue	Wed	Thu	Fri	Sat
					1	2
3	4	5	6	7	8	9
10	15	16	17	18	19	16
17	18	19	20	21	22	23
24	25	26	27	28		

3월
Sun	Mon	Tue	Wed	Thu	Fri	Sat
					1	2
3	4	5	6	7	8	9
10	11	12	13	14	15	16
17	18	19	20	21	22	23
24/31	25	26	27	28	29	30

4월
Sun	Mon	Tue	Wed	Thu	Fri	Sat
	1	2	3	4	5	6
7	8	9	10	11	12	13
14	15	16	17	18	19	20
21	22	23	24	25	26	27
28	29	30				

5월
Sun	Mon	Tue	Wed	Thu	Fri	Sat
			1	2	3	4
5	6	7	8	9	10	11
12	13	14	15	16	17	18
19	20	21	22	23	24	25
26	27	28	29	30	31	

6월
Sun	Mon	Tue	Wed	Thu	Fri	Sat
						1
2	3	4	5	6	7	8
9	10	11	12	13	14	15
16	17	18	19	20	21	22
23/30	24	25	26	27	28	29

7월
Sun	Mon	Tue	Wed	Thu	Fri	Sat
	1	2	3	4	5	6
7	8	9	10	11	12	13
14	15	16	17	18	19	20
21	22	23	24	25	26	27
28	29	30	31			

8월
Sun	Mon	Tue	Wed	Thu	Fri	Sat
				1	2	3
4	5	6	7	8	9	10
11	12	13	14	15	16	17
18	19	20	21	22	23	24
25	26	27	28	29	30	31

9월
Sun	Mon	Tue	Wed	Thu	Fri	Sat
1	2	3	4	5	6	7
8	9	10	11	12	13	14
15	16	17	18	19	20	21
22	23	24	25	26	27	28
29	30					

10월
Sun	Mon	Tue	Wed	Thu	Fri	Sat
	1	2	3	4	5
6	7	8	9	10	11	12
13	14	15	16	17	18	19
20	21	22	23	24	25	26
27	28	29	30	31		

11월
Sun	Mon	Tue	Wed	Thu	Fri	Sat
					1	2
3	4	5	6	7	8	9
10	11	12	13	14	15	16
17	18	19	20	21	22	23
24	25	26	27	28	29	30

12월
Sun	Mon	Tue	Wed	Thu	Fri	Sat
1	2	3	4	5	6	7
8	9	10	11	12	13	14
15	16	17	18	19	20	21
22	23	24	25	26	27	28
29	30	31				

2020년

1월
Sun	Mon	Tue	Wed	Thu	Fri	Sat
			1	2	3	4
5	6	7	8	9	10	11
12	13	14	15	16	17	18
19	20	21	22	23	24	25
26	27	28	29	30	31	

2월
Sun	Mon	Tue	Wed	Thu	Fri	Sat
						1
2	3	4	5	6	7	8
9	10	11	12	13	14	15
16	17	18	19	20	21	22
23	24	25	26	27	28	29

3월
Sun	Mon	Tue	Wed	Thu	Fri	Sat
1	2	3	4	5	6	7
8	9	10	11	12	13	14
15	16	17	18	19	20	21
22	23	24	25	26	27	28
29	30	31				

4월
Sun	Mon	Tue	Wed	Thu	Fri	Sat
			1	2	3	4
5	6	7	8	9	10	11
12	13	14	15	16	17	18
19	20	21	22	23	24	25
26	27	28	29	30		

5월
Sun	Mon	Tue	Wed	Thu	Fri	Sat
					1	2
3	4	5	6	7	8	9
10	11	12	13	14	15	16
17	18	19	20	21	22	23
24/31	25	26	27	28	29	30

6월
Sun	Mon	Tue	Wed	Thu	Fri	Sat
	1	2	3	4	5	6
7	8	9	10	11	12	13
14	15	16	17	18	19	20
21	22	23	24	25	26	27
28	29	30				

7월
Sun	Mon	Tue	Wed	Thu	Fri	Sat
			1	2	3	4
5	6	7	8	9	10	11
12	13	14	15	16	17	18
19	20	21	22	23	24	25
26	27	28	29	30	31	

8월
Sun	Mon	Tue	Wed	Thu	Fri	Sat
						1
2	3	4	5	6	7	8
9	10	11	12	13	14	15
16	17	18	19	20	21	22
23/30	24/31	25	26	27	28	29

9월
Sun	Mon	Tue	Wed	Thu	Fri	Sat
		1	2	3	4	5
6	7	8	9	10	11	12
13	14	15	16	17	18	19
20	21	22	23	24	25	26
27	28	29	30			

10월
Sun	Mon	Tue	Wed	Thu	Fri	Sat
				1	2	3
4	5	6	7	8	9	10
11	12	13	14	15	16	17
18	19	20	21	22	23	24
25	26	27	28	29	30	31

11월
Sun	Mon	Tue	Wed	Thu	Fri	Sat
1	2	3	4	5	6	7
8	9	10	11	12	13	14
15	16	17	18	19	20	21
22	23	24	25	26	27	28
29	30					

12월
Sun	Mon	Tue	Wed	Thu	Fri	Sat
		1	2	3	4	5
6	7	8	9	10	11	12
13	14	15	16	17	18	19
20	21	22	23	24	25	26
27	28	29	30	31		

2021년

1월
Sun	Mon	Tue	Wed	Thu	Fri	Sat
					1	2
3	4	5	6	7	8	9
10	11	12	13	14	15	16
17	18	19	20	21	22	23
24/31	25	26	27	28	29	30

2월
Sun	Mon	Tue	Wed	Thu	Fri	Sat
	1	2	3	4	5	6
7	8	9	10	11	12	13
14	15	16	17	18	19	20
21	22	23	24	25	26	27
28						

3월
Sun	Mon	Tue	Wed	Thu	Fri	Sat
	1	2	3	4	5	6
7	8	9	10	11	12	13
14	15	16	17	18	19	20
21	22	23	24	25	26	27
28	29	30	31			

4월
Sun	Mon	Tue	Wed	Thu	Fri	Sat
				1	2	3
4	5	6	7	8	9	10
11	12	13	14	15	16	17
18	19	20	21	22	23	24
25	26	27	28	29	30	

5월
Sun	Mon	Tue	Wed	Thu	Fri	Sat
						1
2	3	4	5	6	7	8
9	10	11	12	13	14	15
16	17	18	19	20	21	22
23/30	24/31	25	26	27	28	29

6월
Sun	Mon	Tue	Wed	Thu	Fri	Sat
		1	2	3	4	5
6	7	8	9	10	11	12
13	14	15	16	17	18	19
20	21	22	23	24	25	26
27	28	29	30			

7월
Sun	Mon	Tue	Wed	Thu	Fri	Sat
				1	2	3
4	5	6	7	8	9	10
11	12	13	14	15	16	17
18	19	20	21	22	23	24
25	26	27	28	29	30	31

8월
Sun	Mon	Tue	Wed	Thu	Fri	Sat
1	2	3	4	5	6	7
8	9	10	11	12	13	14
15	16	17	18	19	20	21
22	23	24	25	26	27	28
29	30	31				

9월
Sun	Mon	Tue	Wed	Thu	Fri	Sat
			1	2	3	4
5	6	7	8	9	10	11
12	13	14	15	16	17	18
19	20	21	22	23	24	25
26	27	28	29	30		

10월
Sun	Mon	Tue	Wed	Thu	Fri	Sat
					1	2
3	4	5	6	7	8	9
10	11	12	13	14	15	16
17	18	19	20	21	22	23
24/31	25	26	27	28	29	30

11월
Sun	Mon	Tue	Wed	Thu	Fri	Sat
	1	2	3	4	5	6
7	8	9	10	11	12	13
14	15	16	17	18	19	20
21	22	23	24	25	26	27
28	29	30				

12월
Sun	Mon	Tue	Wed	Thu	Fri	Sat
			1	2	3	4
5	6	7	8	9	10	11
12	13	14	15	16	17	18
19	20	21	22	23	24	25
26	27	28	29	30	31	

목적과 의의

안녕하세요. 내 안의 나를 만나는 안나코치 김안숙입니다.

우리는 모두 기쁨과 슬픔, 희망과 절망, 평온함과 분노함, 도전과 좌절, 삶과 죽음 등의 상태를 경험하며 살아갑니다. 그리고 그러한 갈등 안에서 자신이 선택한 방향대로 살아가고 있습니다.

어떠신가요? 지금의 삶을 만족하시나요?

우리는 누구도 자신이 불행해지길 원하진 않습니다. 좀 더 행복한 삶을 원하고 나와 나의 일, 주변의 사람들을 위해 노력합니다. 나와 타인, 나와 세상과의 이어지는 공감을 넘어 한 걸음 나아가는 변화를 추구하고, 그 과정에서 내 안의 나를 만나는 대화의 경험은 소중하고 강력한 힘이 됩니다.

S.W.E.E.T(감성) 100일 시간관리 다이어리는 변화를 위해 한 걸음씩 나아가는 100일 간의 긍정적인 감정 습관 실행편인 안나코칭 다이어리입니다. 인간은 변화를 추구하는 존재로 목적지를 향해 한 걸음 나아가는 데서 행복감을 느끼죠. 이 다이어리를 작성하는 시간이 성취역량을 발휘하고 행복으로 나아가기를 바랍니다.

전문 코칭의 여러 정의 중에 글로벌 코치 양성 전문기관 정의를 보면, 코치와 발전하려고 하는 의지가 있는 개인이 잠재능력을 최대한 개발하고, 발견 프로세스를 통해 목표 설정, 전략적인 행동 그리고 매우 뛰어난 결과의 성취를 가능하게 해주는 강력하면서도 협력적인 과정이라고 합니다. 다음으로 (사)한국코치협회에서는 개인과 조직의 잠재력을 극대화하여 최상의 가치를 실현할 수 있도록 돕는 수평적 파트너십이라는 정의를 신뢰합니다. 그룹코칭 외 1:1 코칭 대화를 8년째 이어오며 매번 코칭 대화의 경이로움을 경험하면서 더욱 함께하고 싶습니다.

S.W.E.E.T는 Specification with emotional energy tip의 약어이고 '감성 에너지가 행복이다'라는 뜻을 가지며, 코칭을 넣어 스위트 코칭이라고 합니다. 감성 에너지는 전문 코칭의 마인드 흐름에 맞추어 내 안의 나를 만나 한 걸음 나아가는 안나코칭 다이어리로 실행하여 이루고 행복한 삶을 살아갈 수 있는 한 과정이 되길 바랍니다.

당신 곁의 코치가 되겠습니다.

내가 무언가 하고 싶다는 것은
내 안에 이미 그 능력이 있다는 것이다.

- 리처드 바크

전체 구성

안나코칭 다이어리는 자신의 비전과 좌우명이 기준이 됩니다. 이를 발견하는 코칭 과정을 가지면 좋습니다. 우선 인생에 있어서 소중한 것은 무엇일까? 내가 생을 마감할 때를 떠올려 보았을 때 어떤 가치와 욕구를 채우는 것이 좋을지도 가볍게 생각해 보면 도움이 됩니다. 최후의 삶에서 지금을 바라보는 관찰자 관점으로 좌우명을 정해 보세요. 물론 인생관은 어느 정도의 기간이 되면 상황에 맞게 변화가 될 수 있습니다.

좌우명에 따라 100일, 월, 주, 일 단위로 나를 들여다 볼 수 있도록 구성하였고, 하루는 30분 단위로, 나의 할 일, 오늘의 끄적임, 소비된 시간을 작성하는 공간으로 구성하여 나를 체크하고 경청하고 공감하며 피드백을 기록하게끔 했습니다. 상세 항목마다 목적이 있으니 더욱 흥미롭죠.

목차

Why 100 days?

코칭의 실행을 위해 우리의 습관은 작심삼일에서부터 시작됩니다. 저는 아이를 낳고 13kg을 감량했을 때 가장 강한 의지가 필요했던 것 같은데요. 3일 후 결심이 흐지부지 되더라도 또 다시 3일을 실행하면 됩니다. 몇 번이 되었든 꾸준히 그렇게 7일(1주일), 21일(3주)이 되면 1차적인 습관이 되고, 42일(6주)이 되면 생활패턴에 습관이 생깁니다.

100일인 3개월과 10여일을 더하는 시간동안 습관을 들이면 스스로가 목표한 습관이 장착됩니다. 그렇게 1년을 실행하다보면 오히려 실행하지 않을 때 마음도 허전하고, 몸도 찌뿌듯하여 무의식적으로 움직여지는 행동습관이 됩니다. 기대되지 않나요?

100일 단위로 다이어리를 구성한 것도 3개월 정도의 도전과 성취, 피드백을 거듭하여 자기 효능감도 올리고 도전하는 맛을 경험하고자 했습니다. 1년이 되면 총 4권 정도의 100일 다이어리가 생기겠네요.

S.W.E.E.T Monthly Schedule

한 눈에 보는 월 달력은 전체를 보게 합니다.
꼭 기억해야만 하는 행사와 일, 이번 달 스위트한 나를 위해 되뇌일 문구를 최상단에 작성하세요.

S.W.E.T Monthly MRRWS Plan

한 달간 집중해서 노력하고 나아갈 항목입니다. 감성적인 삶을 가능하게 하는 관계, 읽기, 쓰기, 운동과 수면을 인생의 써클로 구분했습니다.

● Motto : 좌우명을 적습니다.

● 월 주제 : 실행할 월 목표를 정합니다.

● Psychology : 이번 달 기대하는 심리 상태를 적습니다.

● Motto 좌우명대로 : 좌우명대로 실행하는 것으로 외부와 내부로 나눕니다. 외부는 주된 활동으로 학생이라면 학업, 직장인이라면 업무, 성장 단계라면 성장을 위해 하는 주요 활동 등이 이에 해당됩니다. 내부는 그 외의 뜻을 이루는 활동으로 동호회나 배움 활동 등으로 합니다.

● Relationship : 관계는 우리 삶을 건강하게 해주는 필수 요소입니다. 가족, 친구, 동료 등 나와 연결이 되어 있는 인간 관계에서 노력해 볼 수 있는 것을 구체적으로 적습니다.

● Reading : 읽기는 지식의 습득 창고이기도 하지만 스트레스 해소와 감정 조절에도 효능이 있으며 삶을 풍요롭게 해줍니다. 작게는 문구부터 한 권의 책까지 읽기를 할 항목을 적습니다.

● Write : 쓰기는 자신을 만나고 치유하는 힘이 있는 숭고한 과정이라고 생각합니다. 말이 아닌 글로써 나를 표현하며 깊은 내면의 자아를 만나는 시간입니다. 작은 글쓰기부터 책 쓰기까지 적습니다.

● Sleep : 수면과 운동은 인간의 가장 기본적인 건강을 지켜주는 활동입니다. 평생 동안 잘 지켜주면 좋습니다. 잠을 잘 때는 무의식에서도 안정감이 깃들도록 깊은 잠에 들 수 있는 마음가짐으로 숙면을 취하고, 실행할 수 있는 운동을 꾸준히 오랫동안 하는 것이 좋으니 무리한 운동 계획은 말 그대로 무리입니다.

S.W.E.E.T Daily Schedule

감성 에너지가 있는 하루를 보내기 위해 자신을 기록하는 하루 스케줄표입니다. 하루 24시간을 수면 시간을 기준으로 시작합니다. 우리의 수면 주기는 15분 단위로 자고 깨기 때문에 15분 단위로 숙면이 진행되는데 1시간 30분 간격으로 깨어나는 시간을 나누어 볼 수 있습니다.

지금을 살아가는 사람들이 수면 시간을 지키는 것이 쉽지 않다고 하지만, 하루 생활을 수면 시간에 기준을 두고 활동해 본다면 건강함이 느껴집니다. 매일 같은 수면 시간을 기록할 순 없지만, 하루하루 나의 수면 시간을 체크하며 의식해 봅시다.

☑ A타입 – 7시간 30분 수면
☐ B타입 – 6시간 수면
☐ C타입 – 4시간 30분 수면

하루는 기적 같은 시간의 총체입니다. 소중한 시간을 소중하게 사용하는지를 피드백해 볼 수 있도록 하루 24시간을 30분 단위로 구분했습니다. 어떤 일이든 15분 단위로 목표를 세우고 집중한다면 어려운 일도 손쉽게 결과물이 생깁니다. 하루하루 가장 작은 결과물의 시간 단위를 30분으로 정했습니다.

그리고 기적 같은 하루를 아침, 어썸 1, 2, 밤으로 구분하였는데, 수면 시간을 맞추다보면 아침형 인간이 될 기회가 더 많을 겁니다. 어썸 1, 2는 하루마다 정해진 주요 업무를 구분하였고 그러다 보면 밤 시간도 기적 같은 시간으로 보낼 수 있습니다.

Awesome Daily

Awesome Morning

Awesome 1

Awesome 2

Awesome Night

Action : 나의 구체적인 행동을 적습니다.
CHK LIST : 하루 동안 해야 할 우선순위와 중요 순위대로 작성하는 개인별 리스트입니다.

◀ 오늘의 끄적임 ▶
나에게 사랑주기

하루 중 나에게 공감하는 끄적임의 기록입니다.
"오늘 난 씩씩해" "오늘 난 소중해"로 나에게 감정을 표현하며 그날의 나를 위로하는 공간입니다.

《 Time spend a day 》

숙면 🌙
운동 🏋
쓰기 ✍
읽기 📖
마음주문 ✝
전화 / 문자 📞
인터넷 / SNS 💻
진로 ⚓
휴식 🏖
개선할 시간
하루 평가
오늘의 다짐

하루 동안을 기록합니다. 그리고 개선할 시간과 하루 평가, 다짐으로 하루를
마칩니다.

이 과정은 자신을 만나고 한 걸음 나아가기 위함이지 자책이나 강압적인 것이
될 순 없습니다. "오늘은 그랬구나. 내일은 그래 보자."

S.W.E.E.T Weekly Feedback

일주일 동안의 셀프 코칭을 피드백 합니다. 코칭 대화의 시작은 지금 현재의 나를 솔직히 체크하는 것부터 시작됩니다. 그리고 내가 채우고 싶어 했던 욕구를 들여다보는 것이 중요합니다. 7일간의 시간 소요로 개선할 시간도 체크해 보고, 한계를 넘어 자유롭게 일주일을 표현할 수 있는 상징 이미지를 그려봅니다.

♥ 한 주의 일상을 되돌아보는 코칭 질문 5가지

Q1 한 주간 열정을 가졌던 점은 무엇이었고, 그것에 대해 채워진 욕구는 무엇인가?

Q2 한 주간 아쉬웠던 점은 무엇이었고, 그것에 대해 채우고 싶은 욕구는 무엇인가?

Q3 한 주간 동료에게 배려했던 점과 배려하지 못해 아쉬운 점은 무엇인가?

Q4 한 주간 가족에게 관심을 가진 점과 관심을 가지지 못해 아쉬운 점은 무엇인가?

Q5 한 주간 좌우명에 맞추어 몇 점으로 측정하는가?(10점)

♥ Time spend a 7day / etc.
♥ 한계를 넘어 1주일의 자유로운 노트 또는 이미지

S.W.E.E.T Monthly MRRWS Feedback

한 달간의 MRRWS의 실행을 잘한 점과 아쉬운 점으로 나누고 O, X 등으로 피드백해 봅니다.

S.W.E.E.T 100 day Feedback

어느덧 100일 간의 하루 스케줄을 마치고 100일 간의 변화를 살펴봅니다. 우리에게 기준이 되었던 좌우명, 비전을 살펴보고, 심리, 관계, 읽기, 쓰기, 수면 운동을 되돌아봅니다.

각각에 대해 변화된 점, 아쉬운 점, 바람과 다짐을 기록합니다. 기록도 중요하지만 코칭 대화를 통해 나눌 수 있다면 더 큰 변화로 나타납니다.

그리고 100일 간의 나를 상징하는 이미지로 마무리합니다.

Motto 좌우명대로

Psychology 심리

Relationship 관계

Reading 읽기

Write 쓰기

Sleep 수면 운동

이룬 점

아쉬운 점

바람과 다짐

♥Time spend 100 day / etc.

♥한계를 넘어 100일의 자유로운 노트 또는 이미지

S.W.E.E.T와 약속

S.W.E.E.T 100일 시간관리 다이어리는 변화를 위해 한 걸음씩 나아가는 100일간의 긍정적인 감정 습관을 위한 실행편인 안나코칭 다이어리입니다.

우리가 할 수 있는 것에 최선을 다하는 노력을 기울이는 과정입니다. 계획과 목표는 그것을 이루는 즐거움과 성취감에 목적이 있습니다. 내가 할 수 있는 범위 내의 것을 해내고 스스로 변화하는 과정에는 사랑과 존중을 넘는 그 어떤 것도 없습니다.

그 즐거움과 성취감의 과정을 S.W.E.E.T 100일 시간관리 다이어리와 함께 해주심에 감사드리며 오늘도 내 안의 나를 존중하고 사랑하는 마음으로 우리가 행복해지길 소망합니다.

스위트 코칭 안나

삶에서 가장 중요한 것은
삶을 즐기는 것이다.
행복하다는 것,
그게 전부인 것이다.
The most important thing is to enjoy
your life
- to be happy -
It's all that matters.

- 오드리 헵번

꿈을 꾸세요.
그러면 그 꿈이 당신을 만들 것입니다.
Build a dream
and the dream will build you.

- 로버트 J.실러

S.W.E.E.T 이렇게 사용하세요.

S.W.E.E.T Monthly Schedule

2019년 1월

♥ 꼭 기억해야만 하는 행사 및 일정 : 대학원 OT, 엄마생신

♥ 이번 달 스위트한 나를 위해 되뇌일 문구 : 욕심을 내려두자. 절약

Sun	Mon	Tue	Wed	Thu	Fri	Sat
		1	2	3	4	5
6	7	8	9 엄마생신	10	11	12
13	14 대학원 OT	15	16	17	18	19
20	21	22	23	24	25	26
27	28	29 친구랑 스키장	30	31		

S.W.E.E.T Monthly MRRWS Plan

2019년 1월 '스위트 인터뷰 고객만족'

● Motto : 아름다운 사랑을 실천하는 삶 ⋯ 활기 있는 삶을 살자 ⋯ 가치 / 진정성 / 성취

날짜		2019년 1월 1일 ~ 31일		
월 주제		가까운 고객와 최대의 고객 만족		
심리		욕심을 내려 두자! 집중 GO! / 성취		
Motto 좌우명대로 (내부)	회사운영	1. 할 일	①	업체 광고: 1~3월
			②	인강 촬영
			③	책 집필
		2. 고객관리	④	기존고객 - 혜택정리, 안부
			⑤	신규고객
	원고 - 교육강의	1. 승무원 면접	①	승무원 특강 일정
			②	인강 10강
		2. 친절, 대화 코칭강의	③	이미지S라인 반 교육안 완성
			④	월 1:1 안나코칭 - 3회
		3. 코칭		
Motto 좌우명(외부)		• 성인 코칭 • 독서데이		
Relationship 관계		• 설날 • 가족과 매일 '사랑해' 말하기		• 스위트 오미오미 신년회 1월 19일
Reading 읽기		• 아침독서 30분 • 매일 미사		• 아들러 심리 관련 도서 꾸준히
Write 쓰기		• 아침 독서내용 블로그		• 두 번째 책 초안 잡기
Sleep 운동 · 수면		• 매일 아침 줄넘기 500번 • 매일 물 2리터 마시기		• 집에 오면 바로 잠자기

S.W.E.E.T Daily Schedule

D – 　2019년 1월 10일 　요일

☑ A타입 : 7시간 30분 수면　☐ B타입 : 6시간 수면　☐ C타입 : 4시간 30분 수면

TIME	Awesome Daily	Action	CHK LIST
24:00	Awesome Night		☑ 이주임에게 자료 보내기
01:00			☑ 교유부서에 연락해서 11월 일정 조율하기
02:00			☑ 친척에게 전화해서 명절 일정묻기
03:00			☑ 꼭 쓰기 30분이라도!
04:00	• 수면		☑ 걷기 30분!
05:00			☑ 물 4잔 마시기!
05:30			☐
06:00			☐
06:30	Awesome Morning	기상, 기도 - 좀 늦게 일어남	☐
07:00		신문정독 - 신문내용 스크랩, 여행관련 기사 스크랩	☐
07:30		동네걷기 25분, 스트레칭	☐
08:00	• 기도	씻고 메이크업	**오늘의 끄적임**
08:30	• 매일미사 다짐	아침식사	
09:00	• 운동, 출근	출근	♥ 나에게 사랑주기
09:30		지하철 출근 - 착석 ^^	오늘 난 씩씩해
10:00	Awesome 1	회사출근 - 하루 일정 체크하기	
10:30		회의 들어가기	
11:00		거래처 연락 및 타 부서 연락하기	
11:30		교유 부서에 연락해서 철 일정 조율하기	
12:00		오후 프로젝트 마무리하기	
12:30			1. 업무가 좀 많아서 다운될 뻔했지만 점심시간에
13:00	• 지하철 30분	점심시간 - 사람들과 인사나누기, 안부 묻기, 이주임에게 자료 보내기	서로 안부 물으며 기분 좋아짐
13:30			
14:00	• 근무/수업	이번 달 캠페인 프로젝트 컴퓨터 업무 마무리하기	2. 책 쓰기 조금이라도 해서 넘 좋았
14:30			
15:00			3. 엄마랑 가족일정 조정하며 휴가생각에 여유~
15:30		엄마랑 가족행사 관련 통화 - 동생에게 전달하기	
16:00			
16:30			
17:00		이번 달 캠페인 프로젝트 진행사항에 대해 공유	
17:30	Awesome 2		**Time spend a day**
18:00		퇴근 + 혜미랑 저녁식사	숙면 🌙　7시간 30분 정도
18:30	• 지하철 30분		운동 🏃　1시간
19:00			쓰기 ✍　30분 정도
19:30	• 요가/수영		읽기 📖　30분
20:00	• 퇴근		마음주문 ✝　기도다짐 15분
20:30		요가수업	전화 / 문자 ☎　40분 정도
21:00			인터넷 / SNS 💻　컴 4시간?
21:30	Awesome Night		진로 ✈　잘 모르겠음
22:00			휴식 ☕　1시간 30분
22:30	• 잠자기 독서	내일 할 일 잠시 정리, 챙길 것 둘러보기	**개선할 시간**　컴 사용 시간
23:00	• 내일 할 일	잠자리 들기	**하루 평가**　😊😑😀😖😵
23:30			**오늘의 다짐**　침착하기

S.W.E.E.T Weekly Feedback

♥ 한 주의 일상을 되돌아보는 코칭 질문 5가지
: 서로 질문과 경청, 공감을 진행해보면 더욱 유익하다.

Q1 한 주간 열정을 가졌던 점은 무엇이었고, 그것에 대해 채워진 싶은 욕구는 무엇인가?
- 새로운 업무에 지식 갖추기 - 자신감

Q2 한 주간 아쉬웠던 점은 무엇이었고, 그것에 대해 채우고 싶은 욕구는 무엇인가?
- 크게 아쉬운 건 아니지만 직장 선배에게 꾸지람을 들었던 점 - 인정 - 친밀함

Q3 한 주간 동료에게 배려했던 점과 배려하지 못해 아쉬운 점은 무엇인가?
- 후배에게 먼저 연락한 점
- 결혼식에 참석하지 못한 점

Q4 한 주간 가족에게 관심을 가진 점과 관심을 가지지 못해 아쉬운 점은 무엇인가?
- 엄마가 해주신 식사가 맛있다고 한 점
- 동생에게 메시지 보내지 못한 점

Q5 한 주간 좌우명에 맞추어 몇 점으로 측정하는가?(10점)
- 6점

Time spend a 7day / etc.	
숙면 ☾	40시간 정도
운동 ☞	3시간
쓰기 ✎	5시간
읽기 📖	4시간
마음 주문 ✝	3시간
전화/문자 ☏	7시간
인터넷 / SNS 💻	15시간
진로 ✈	10시간
휴식 ☕	나머지 시간
개선할 시간	SNS 시간을 줄여야겠다.
1주일 평가	☺ ☹ ☻ ☹ ☺
1주일 다짐	

♥ 한계를 넘는 1주일의 자유로운 노트 또는 이미지

S.W.E.E.T Monthly Feedback

2019년 1월 '스위트 인터뷰 고객만족'

●Motto : 아름다운 사랑을 실천하는 삶 … 활기 있는 삶을 살자 … 가치 / 진정성 / 성취

날짜	2019년 1월 1일 ~ 31일
월 주제	가까운 고객와 최대의 고객 만족
심리	욕심을 내려 두자! 집중 GO! / 성취

Motto 좌우명대로 (내부)	회사운영	1. 할 일		①	업체 광고: 1~3월
				②	인강 촬영
				③	책 집필
		2. 고객관리		④	기존고객 - 혜택정리, 안부
				⑤	신규고객
	원고 - 교육강의	1. 승무원 면접		①	승무원 특강 일정
				②	인강 10강
		2. 친절, 대화 코칭강의		③	이미지S라인 반 교육안 완성
				④	월 1:1 안나코칭 - 3회
		3. 코칭			

Motto 좌우명(외부)	• 성인 코칭 • 독서데이	
Relationship 관계	• 설날 • 가족라 매일 '사랑해' 말하기	• 스위트 오미오미 신년회 1월 19일
Reading 읽기	• 아침독서 30분 • 매일 미사	• 아들러 심리 관련 도서 꾸준히
Write 쓰기	• 아침 독서내용 블로그	• 두 번째 책 초안 잡기
Sleep 운동·수면	• 매일 아침 줄넘기 500번 • 매일 물 2리터 마시기	• 집에 오면 바로 잠자기

S.W.E.E.T 100 day Feedback

● Motto : 아름다운 사랑을 실천하는 삶

월 주제	가까운 고객와 최대의 고객 만족	월 주제	책 집필하기	월 주제	건강을 위해 밀가루 NO

● Psychology 심리

이룬 점	성취
아쉬웠던 점	인정
바람과 다짐	안정, 고요함

● Relationship 관계

이룬 점	소통 노력
아쉬웠던 점	유대감
바람과 다짐	인정, 어울림

● Reading 읽기

이룬 점	세계고전 문학 1권, 출퇴근 시간 활용하여 7권 독서
아쉬웠던 점	신문
바람과 다짐	사회적인 정치, 경제

● Write 쓰기

이룬 점	매일 기도문 쓰기, 직업 관련 지식 포스팅
아쉬웠던 점	매일 여행 포스팅
바람과 다짐	매일 기록하기

● Sleep 운동 · 수면

이룬 점	줄넘기, 걷기 40% 달성
아쉬웠던 점	밀가루 먹음
바람과 다짐	밀가루 안 먹고, 양을 적게

Time spend a 100 day / etc.	
숙면 ☽	560시간 정도
운동 🦴	42시간
쓰기 ✍	60시간
읽기 📖	60시간
마음 주문 ✝	42시간
전화/문자 📞	102시간
인터넷 / SNS 💻	220시간
진로 ✈	100시간
휴식 🏖	나머지 시간
개선할 시간	수다, 빈둥거리는 시간
1주일 평가	😊 😑 😋 😵 😋
1주일 다짐	나를 좀 더 아끼고, 운동 시간을 늘려야 겠다.

♥ 한계를 넘어 100일의 자유로운 노트 또는 이미지

끝까지 해보기 전까지는
늘 불가능해 보입니다.

- 넬슨 만델라

S.W.E.E.T Monthly Schedule

20   년   월

♥ 꼭 기억해야만 하는 행사 및 일정 :

♥ 이번 달 스위트한 나를 위해 되뇌일 문구 :

Sun	Mon	Tue	Wed	Thu	Fri	Sat

S.W.E.T Monthly MRRWS Plan

20 년 월 '   '

● Motto :

날짜	20 년 월 일 ~ 일
월 주제	
심리	

Motto 좌우명 (내부)		
Motto 좌우명(외부)		
Relationship 관계		
Reading 읽기		
Write 쓰기		
Sleep 운동 · 수면		

1. S.W.E.E.T Daily Schedule   D −   20 년 월 일 요일

☐ A타입 : 7시간 30분 수면   ☐ B타입 : 6시간 수면   ☐ C타입 : 4시간 30분 수면

TIME	Awesome Daily	Action	CHK LIST
24:00	Awesome		☐
01:00	Night		☐
02:00			☐
03:00			☐
04:00			☐
05:00			☐
05:30			☐
06:00			☐
06:30	Awesome		☐
07:00	Morning		☐
07:30			☐
08:00			**오늘의 끄적임**
08:30			
09:00			♥ 나에게 사랑주기
09:30			오늘 난 해
10:00	Awesome 1		
10:30			
11:00			
11:30			
12:00			
12:30			
13:00			
13:30			
14:00			
14:30			
15:00			
15:30			
16:00			
16:30			
17:00			
17:30	Awesome 2		**Time spend a day**
18:00			숙면 ☾
18:30			운동 🏃
19:00			쓰기 ✎
19:30			읽기 📖
20:00			마음주문 ✝
20:30			전화 / 문자 📞
21:00			인터넷 / SNS 💻
21:30	Awesome		진로 ✈
22:00	Night		휴식 🛋
22:30			**개선할 시간**
23:00			**하루 평가** ☺ ☹ ☻ ☹ ☺
23:30			**오늘의 다짐**

2. S.W.E.E.T Daily Schedule

D –   20 년   월   일   요일

☐ A타입 : 7시간 30분 수면   ☐ B타입 : 6시간 수면   ☐ C타입 : 4시간 30분 수면

TIME	Awesome Daily	Action	CHK LIST
24:00	Awesome Night		☐
01:00			☐
02:00			☐
03:00			☐
04:00			☐
05:00			☐
05:30			☐
06:00			☐
06:30	Awesome Morning		☐
07:00			☐
07:30			☐
08:00			**오늘의 끄적임**
08:30			
09:00			♥ 나에게 사랑주기
09:30			오늘 난 해
10:00	Awesome 1		
10:30			
11:00			
11:30			
12:00			
12:30			
13:00			
13:30			
14:00			
14:30			
15:00			
15:30			
16:00			
16:30			
17:00			
17:30	Awesome 2		**Time spend a day**
18:00			숙면 🌙
18:30			운동 🏃
19:00			쓰기 ✍
19:30			읽기 📖
20:00			마음주문 ✝
20:30			전화 / 문자 📞
21:00			인터넷 / SNS 💻
21:30	Awesome Night		진로 ✈
22:00			휴식 🛋
22:30			**개선할 시간**
23:00			**하루 평가** ☺ 😖 😋 😣 😝
23:30			**오늘의 다짐**

3. S.W.E.E.T Daily Schedule

D –　　　20 년　　월　　일　　요일

☐ A타입 : 7시간 30분 수면　　☐ B타입 : 6시간 수면　　☐ C타입 : 4시간 30분 수면

TIME	Awesome Daily	Action	CHK LIST
24:00	Awesome Night		☐
01:00			☐
02:00			☐
03:00			☐
04:00			☐
05:00			☐
05:30			☐
06:00			☐
06:30	Awesome Morning		☐
07:00			☐
07:30			☐
08:00			**오늘의 끄적임**
08:30			
09:00			♥ 나에게 사랑주기
09:30			오늘 난　　　해
10:00	Awesome 1		
10:30			
11:00			
11:30			
12:00			
12:30			
13:00			
13:30			
14:00			
14:30			
15:00			
15:30			
16:00			
16:30			
17:00			
17:30	Awesome 2		**Time spend a day**
18:00			숙면 ☾
18:30			운동
19:00			쓰기
19:30			읽기 📖
20:00			마음주문 †
20:30			전화 / 문자 📞
21:00			인터넷 / SNS 💻
21:30	Awesome Night		진로 ✈
22:00			휴식
22:30			**개선할 시간**
23:00			**하루 평가**　☺ ☹ ☻ ☹ ☺
23:30			**오늘의 다짐**

4. S.W.E.E.T Daily Schedule

D -   20 년   월   일   요일

☐ A타입 : 7시간 30분 수면   ☐ B타입 : 6시간 수면   ☐ C타입 : 4시간 30분 수면

TIME	Awesome Daily	Action	CHK LIST
24:00	Awesome Night		☐
01:00			☐
02:00			☐
03:00			☐
04:00			☐
05:00			☐
05:30			☐
06:00			☐
06:30	Awesome Morning		☐
07:00			☐
07:30			☐
08:00			**오늘의 끄적임**
08:30			♥ 나에게 사랑주기
09:00			오늘 난 해
09:30			
10:00	Awesome 1		
10:30			
11:00			
11:30			
12:00			
12:30			
13:00			
13:30			
14:00			
14:30			
15:00			
15:30			
16:00			
16:30			
17:00			
17:30	Awesome 2		**Time spend a day**
18:00			숙면 ☾
18:30			운동 🏃
19:00			쓰기 ✍
19:30			읽기 📖
20:00			마음주문 ✝
20:30			전화 / 문자 📞
21:00			인터넷 / SNS 💻
21:30	Awesome Night		진로 ✈
22:00			휴식 🛌
22:30			**개선할 시간**
23:00			**하루 평가** ☺ ☹ 😄 😣 😋
23:30			**오늘의 다짐**

5. S.W.E.E.T Daily Schedule

D -   20 년 월 일 요일

□ A타입 : 7시간 30분 수면   □ B타입 : 6시간 수면   □ C타입 : 4시간 30분 수면

TIME	Awesome Daily	Action	CHK LIST
24:00	Awesome Night		☐
01:00			☐
02:00			☐
03:00			☐
04:00			☐
05:00			☐
05:30			☐
06:00			☐
06:30	Awesome Morning		☐
07:00			☐
07:30			☐
08:00			**오늘의 끄적임**
08:30			
09:00			♥ 나에게 사랑주기
09:30			오늘 난 해
10:00	Awesome 1		
10:30			
11:00			
11:30			
12:00			
12:30			
13:00			
13:30			
14:00			
14:30			
15:00			
15:30			
16:00			
16:30			
17:00			
17:30	Awesome 2		**Time spend a day**
18:00			숙면 ☾
18:30			운동 🏋
19:00			쓰기 ✍
19:30			읽기 📖
20:00			마음주문 ✝
20:30			전화 / 문자 ☎
21:00			인터넷 / SNS 💻
21:30	Awesome Night		진로 ✈
22:00			휴식 🛋
22:30			**개선할 시간**
23:00			**하루 평가** ☺☹😋😣😄
23:30			**오늘의 다짐**

6. S.W.E.E.T Daily Schedule

D - 　　　　 20 년　 월　 일　 요일

□ A타입 : 7시간 30분 수면　　 □ B타입 : 6시간 수면　　 □ C타입 : 4시간 30분 수면

TIME	Awesome Daily	Action	CHK LIST
24:00	Awesome		□
01:00	Night		□
02:00			□
03:00			□
04:00			□
05:00			□
05:30			□
06:00			□
06:30	Awesome		□
07:00	Morning		□
07:30			□
08:00			오늘의 끄적임
08:30			♥ 나에게 사랑주기
09:00			오늘 난　　 해
09:30			
10:00	Awesome 1		
10:30			
11:00			
11:30			
12:00			
12:30			
13:00			
13:30			
14:00			
14:30			
15:00			
15:30			
16:00			
16:30			
17:00			
17:30	Awesome 2		Time spend a day
18:00			숙면 🌙
18:30			운동 🏋
19:00			쓰기 ✍
19:30			읽기 📖
20:00			마음주문 ✝
20:30			전화 / 문자 📞
21:00			인터넷 / SNS 💻
21:30	Awesome		진로 ✈
22:00	Night		휴식 🏖
22:30			개선할 시간
23:00			하루 평가　 ☺ ☹ 😑 😣 😆
23:30			오늘의 다짐

7. S.W.E.E.T Daily Schedule

D -   20 년   월   일   요일

☐ A타입 : 7시간 30분 수면   ☐ B타입 : 6시간 수면   ☐ C타입 : 4시간 30분 수면

TIME	Awesome Daily	Action	CHK LIST
24:00	Awesome Night		☐
01:00			☐
02:00			☐
03:00			☐
04:00			☐
05:00			☐
05:30			☐
06:00			☐
06:30	Awesome Morning		☐
07:00			☐
07:30			☐
08:00			**오늘의 끄적임**
08:30			
09:00			♥ 나에게 사랑주기
09:30			오늘 난 해
10:00	Awesome 1		
10:30			
11:00			
11:30			
12:00			
12:30			
13:00			
13:30			
14:00			
14:30			
15:00			
15:30			
16:00			
16:30			
17:00			
17:30	Awesome 2		**Time spend a day**
18:00			숙면 🌙	
18:30			운동 🏋	
19:00			쓰기 ✍	
19:30			읽기 📖	
20:00			마음주문 ✝	
20:30			전화 / 문자 📞	
21:00			인터넷 / SNS 💻	
21:30	Awesome Night		진로 ✈	
22:00			휴식 🛋	
22:30			**개선할 시간**	
23:00			**하루 평가**	☺ ☹ 😋 😣 😐
23:30			**오늘의 다짐**	

S.W.E.E.T Weekly Feedback

♥ 한 주의 일상을 되돌아보는 코칭 질문 5가지
: 서로 질문과 경청, 공감을 진행해보면 더욱 유익하다.

Q1 한 주간 열정을 가졌던 점은 무엇이었고, 그것에 대해 채워진 욕구는 무엇인가?

Q2 한 주간 아쉬웠던 점은 무엇이었고, 그것에 대해 채우고 싶은 욕구는 무엇인가?

Q3 한 주간 동료에게 배려했던 점과 배려하지 못해 아쉬운 점은 무엇인가?

Q4 한 주간 가족에게 관심을 가진 점과 관심을 가지지 못해 아쉬운 점은 무엇인가?

Q5 한 주간 좌우명에 맞추어 몇 점으로 측정하는가?(10점)

Time spend a 7day / etc.	
숙면 🌙	
운동 🦵	
쓰기 ✍️	
읽기 📖	
마음 주문 ✝	
전화/문자 📞	
인터넷 / SNS 💻	
진로 ⚓	
휴식 ☕	
개선할 시간	
1주일 평가	☺ ☹ 😐 😣 😄
1주일 다짐	

♥ 한계를 넘는 1주일의 자유로운 노트 또는 이미지

8. S.W.E.E.T Daily Schedule

D -   20 년   월   일   요일

☐ A타입 : 7시간 30분 수면   ☐ B타입 : 6시간 수면   ☐ C타입 : 4시간 30분 수면

TIME	Awesome Daily	Action	CHK LIST
24:00	Awesome Night		☐
01:00			☐
02:00			☐
03:00			☐
04:00			☐
05:00			☐
05:30			☐
06:00			☐
06:30	Awesome Morning		☐
07:00			☐
07:30			☐
08:00			**오늘의 끄적임**
08:30			
09:00			♥ 나에게 사랑주기
09:30			오늘 난 해
10:00	Awesome 1		
10:30			
11:00			
11:30			
12:00			
12:30			
13:00			
13:30			
14:00			
14:30			
15:00			
15:30			
16:00			
16:30			
17:00			
17:30	Awesome 2		**Time spend a day**	
18:00			숙면 🌙	
18:30			운동 💪	
19:00			쓰기 ✍	
19:30			읽기 📖	
20:00			마음주문 ✝	
20:30			전화 / 문자 📞	
21:00			인터넷 / SNS 💻	
21:30	Awesome Night		진로 ✈	
22:00			휴식 🛋	
22:30			**개선할 시간**	
23:00			**하루 평가**	☺ ☹ 😋 😣 😎
23:30			**오늘의 다짐**	

9. S.W.E.E.T Daily Schedule

D -   20 년   월   일   요일

☐ A타입 : 7시간 30분 수면   ☐ B타입 : 6시간 수면   ☐ C타입 : 4시간 30분 수면

TIME	Awesome Daily	Action	CHK LIST	
24:00	Awesome		☐	
01:00	Night		☐	
02:00			☐	
03:00			☐	
04:00			☐	
05:00			☐	
05:30			☐	
06:00			☐	
06:30	Awesome		☐	
07:00	Morning		☐	
07:30			☐	
08:00			**오늘의 끄적임**	
08:30			♥ 나에게 사랑주기	
09:00			오늘 난 해	
09:30				
10:00	Awesome 1			
10:30				
11:00				
11:30				
12:00				
12:30				
13:00				
13:30				
14:00				
14:30				
15:00				
15:30				
16:00				
16:30				
17:00				
17:30	Awesome 2		**Time spend a day**	
18:00			숙면 🌙	
18:30			운동 🏃	
19:00			쓰기 ✍	
19:30			읽기 📖	
20:00			마음주문 ✝	
20:30			전화 / 문자 📞	
21:00			인터넷 / SNS 💻	
21:30	Awesome		진로 ✈	
22:00	Night		휴식 🏖	
22:30			**개선할 시간**	
23:00			**하루 평가**	☺ ☹ 😊 😖 😎
23:30			**오늘의 다짐**	

10. S.W.E.E.T Daily Schedule

D - 20 년 월 일 요일

☐ A타입 : 7시간 30분 수면   ☐ B타입 : 6시간 수면   ☐ C타입 : 4시간 30분 수면

TIME	Awesome Daily	Action	CHK LIST
24:00	Awesome Night		☐
01:00			☐
02:00			☐
03:00			☐
04:00			☐
05:00			☐
05:30			☐
06:00			☐
06:30	Awesome Morning		☐
07:00			☐
07:30			☐
08:00			**오늘의 끄적임**
08:30			
09:00			♥ 나에게 사랑주기
09:30			오늘 난 해
10:00	Awesome 1		
10:30			
11:00			
11:30			
12:00			
12:30			
13:00			
13:30			
14:00			
14:30			
15:00			
15:30			
16:00			
16:30			
17:00			
17:30	Awesome 2		**Time spend a day**
18:00			숙면 🌙	
18:30			운동 🏃	
19:00			쓰기 ✍	
19:30			읽기 📖	
20:00			마음주문 ✝	
20:30			전화 / 문자 📞	
21:00			인터넷 / SNS 💻	
21:30	Awesome Night		진로 ✈	
22:00			휴식 🛌	
22:30			**개선할 시간**	
23:00			**하루 평가**	☺ 😕 😋 😣 😎
23:30			**오늘의 다짐**	

11. S.W.E.E.T Daily Schedule

D -   20 년   월   일   요일

☐ A타입 : 7시간 30분 수면   ☐ B타입 : 6시간 수면   ☐ C타입 : 4시간 30분 수면

TIME	Awesome Daily	Action	CHK LIST
24:00	Awesome Night		☐
01:00			☐
02:00			☐
03:00			☐
04:00			☐
05:00			☐
05:30			☐
06:00			☐
06:30	Awesome Morning		☐
07:00			☐
07:30			☐
08:00			**오늘의 끄적임**
08:30			♥ 나에게 사랑주기
09:00			오늘 난 해
09:30			
10:00	Awesome 1		
10:30			
11:00			
11:30			
12:00			
12:30			
13:00			
13:30			
14:00			
14:30			
15:00			
15:30			
16:00			
16:30			
17:00			
17:30	Awesome 2		**Time spend a day**
18:00			숙면 ☾
18:30			운동 ➹
19:00			쓰기 ✍
19:30			읽기 📖
20:00			마음주문 ✝
20:30			전화 / 문자 📞
21:00			인터넷 / SNS 💻
21:30	Awesome Night		진로 ✈
22:00			휴식 🏖
22:30			**개선할 시간**
23:00			**하루 평가** ☺ ☹ 😊 😣 😄
23:30			**오늘의 다짐**

12. S.W.E.E.T Daily Schedule

D –   20 년   월   일   요일

☐ A타입 : 7시간 30분 수면   ☐ B타입 : 6시간 수면   ☐ C타입 : 4시간 30분 수면

TIME	Awesome Daily	Action	CHK LIST
24:00	Awesome Night		☐
01:00			☐
02:00			☐
03:00			☐
04:00			☐
05:00			☐
05:30			☐
06:00			☐
06:30	Awesome Morning		☐
07:00			☐
07:30			☐
08:00			**오늘의 끄적임**
08:30			
09:00			♥ 나에게 사랑주기
09:30			오늘 난 해
10:00	Awesome 1		
10:30			
11:00			
11:30			
12:00			
12:30			
13:00			
13:30			
14:00			
14:30			
15:00			
15:30			
16:00			
16:30			
17:00			
17:30	Awesome 2		**Time spend a day**
18:00			숙면 ☾	
18:30			운동 ⊶	
19:00			쓰기 ✍	
19:30			읽기 📖	
20:00			마음주문 ✝	
20:30			전화 / 문자 ☏	
21:00			인터넷 / SNS 💻	
21:30	Awesome Night		진로 ↓	
22:00			휴식 ☕	
22:30			**개선할 시간**	
23:00			**하루 평가**	☺ ☹ 😋 😣 😄
23:30			**오늘의 다짐**	

13. S.W.E.E.T Daily Schedule

D - 　　　　20 년 　월 　일 　요일

☐ A타입 : 7시간 30분 수면　☐ B타입 : 6시간 수면　☐ C타입 : 4시간 30분 수면

TIME	Awesome Daily	Action	CHK LIST
24:00	Awesome		☐
01:00	Night		☐
02:00			☐
03:00			☐
04:00			☐
05:00			☐
05:30			☐
06:00			☐
06:30	Awesome		☐
07:00	Morning		☐
07:30			☐

오늘의 끄적임

♥ 나에게 사랑주기
　오늘 난 　　　해

TIME	Awesome Daily	Action
08:00		
08:30		
09:00		
09:30		
10:00	Awesome 1	
10:30		
11:00		
11:30		
12:00		
12:30		
13:00		
13:30		
14:00		
14:30		
15:00		
15:30		
16:00		
16:30		
17:00		

Time spend a day

TIME	Awesome Daily	Action		
17:30	Awesome 2		숙면 🌙	
18:00			운동 🏃	
18:30			쓰기 ✍	
19:00			읽기 📖	
19:30			마음주문 ✝	
20:00			전화 / 문자 📞	
20:30			인터넷 / SNS 💻	
21:00			진로 ✈	
21:30	Awesome		휴식 ⛱	
22:00	Night		개선할 시간	
22:30			하루 평가	☺ ☹ 😄 😣 😆
23:00			오늘의 다짐	
23:30				

14. S.W.E.E.T Daily Schedule

D –   20 년   월   일   요일

☐ A타입 : 7시간 30분 수면   ☐ B타입 : 6시간 수면   ☐ C타입 : 4시간 30분 수면

TIME	Awesome Daily	Action	CHK LIST
24:00	Awesome		☐
01:00	Night		☐
02:00			☐
03:00			☐
04:00			☐
05:00			☐
05:30			☐
06:00			☐
06:30	Awesome		☐
07:00	Morning		☐
07:30			☐
08:00			**오늘의 끄적임**
08:30			
09:00			♥ 나에게 사랑주기
09:30			오늘 난 해
10:00	Awesome 1		
10:30			
11:00			
11:30			
12:00			
12:30			
13:00			
13:30			
14:00			
14:30			
15:00			
15:30			
16:00			
16:30			
17:00			
17:30	Awesome 2		**Time spend a day**
18:00			숙면 ☾	
18:30			운동 🏃	
19:00			쓰기 ✒	
19:30			읽기 📖	
20:00			마음주문 ✝	
20:30			전화 / 문자 📞	
21:00			인터넷 / SNS 💻	
21:30	Awesome		진로 ✈	
22:00	Night		휴식 🏖	
22:30			개선할 시간	
23:00			하루 평가	☺ ☹ 😄 😣 😋
23:30			오늘의 다짐	

S.W.E.E.T Weekly Feedback

♥ 한 주의 일상을 되돌아보는 코칭 질문 5가지
: 서로 질문과 경청, 공감을 진행해보면 더욱 유익하다.

Q1 한 주간 열정을 가졌던 점은 무엇이었고, 그것에 대해 채워진 욕구는 무엇인가?

Q2 한 주간 아쉬웠던 점은 무엇이었고, 그것에 대해 채우고 싶은 욕구는 무엇인가?

Q3 한 주간 동료에게 배려했던 점과 배려하지 못해 아쉬운 점은 무엇인가?

Q4 한 주간 가족에게 관심을 가진 점과 관심을 가지지 못해 아쉬운 점은 무엇인가?

Q5 한 주간 좌우명에 맞추어 몇 점으로 측정하는가?(10점)

Time spend a 7day / etc.	
숙면 ☾	
운동 ⚐	
쓰기 ✍	
읽기 📖	
마음 주문 ✝	
전화/문자 ✆	
인터넷 / SNS 💻	
진로 ✈	
휴식 ⛱	
개선할 시간	
1주일 평가	☺ ☹ 😐 😣 😋
1주일 다짐	

♥ 한계를 넘는 1주일의 자유로운 노트 또는 이미지

15. S.W.E.E.T Daily Schedule

D - 　　20 년　월　일　요일

☐ A타입 : 7시간 30분 수면　☐ B타입 : 6시간 수면　☐ C타입 : 4시간 30분 수면

TIME	Awesome Daily	Action	CHK LIST
24:00	Awesome		☐
01:00	Night		☐
02:00			☐
03:00			☐
04:00			☐
05:00			☐
05:30			☐
06:00			☐
06:30	Awesome		☐
07:00	Morning		☐
07:30			☐
08:00			**오늘의 끄적임**
08:30			
09:00			♥ 나에게 사랑주기
09:30			오늘 난　　　해
10:00	Awesome 1		
10:30			
11:00			
11:30			
12:00			
12:30			
13:00			
13:30			
14:00			
14:30			
15:00			
15:30			
16:00			
16:30			
17:00			
17:30	Awesome 2		**Time spend a day**
18:00			숙면 ☾	
18:30			운동 🏃	
19:00			쓰기 ✍	
19:30			읽기 📖	
20:00			마음주문 ✝	
20:30			전화 / 문자 📞	
21:00			인터넷 / SNS 💻	
21:30	Awesome		진로 ✈	
22:00	Night		휴식 🏖	
22:30			**개선할 시간**	
23:00			**하루 평가**	☺ ☹ 😊 😣 😋
23:30			**오늘의 다짐**	

16. S.W.E.E.T Daily Schedule

D – 　　　 20 년 　 월 　 일 　 요일

☐ A타입 : 7시간 30분 수면　　☐ B타입 : 6시간 수면　　☐ C타입 : 4시간 30분 수면

TIME	Awesome Daily	Action	CHK LIST
24:00	Awesome Night		☐
01:00			☐
02:00			☐
03:00			☐
04:00			☐
05:00			☐
05:30			☐
06:00			☐
06:30	Awesome Morning		☐
07:00			☐
07:30			☐
08:00			**오늘의 끄적임**
08:30			
09:00			♥ 나에게 사랑주기
09:30			오늘 난　　　해
10:00	Awesome 1		
10:30			
11:00			
11:30			
12:00			
12:30			
13:00			
13:30			
14:00			
14:30			
15:00			
15:30			
16:00			
16:30			
17:00			
17:30	Awesome 2		**Time spend a day**
18:00			숙면 🌙
18:30			운동 🏃
19:00			쓰기 ✍
19:30			읽기 📖
20:00			마음주문 ✝
20:30			전화 / 문자 📞
21:00			인터넷 / SNS 💻
21:30	Awesome Night		진로 ✈
22:00			휴식 🛋
22:30			**개선할 시간**
23:00			**하루 평가**　😊😞😋😣😄
23:30			**오늘의 다짐**

17. S.W.E.E.T Daily Schedule

D -   20 년   월   일   요일

☐ A타입 : 7시간 30분 수면   ☐ B타입 : 6시간 수면   ☐ C타입 : 4시간 30분 수면

TIME	Awesome Daily	Action	CHK LIST
24:00	Awesome Night		☐
01:00			☐
02:00			☐
03:00			☐
04:00			☐
05:00			☐
05:30			☐
06:00			☐
06:30	Awesome Morning		☐
07:00			☐
07:30			☐
08:00			**오늘의 끄적임**
08:30			♥ 나에게 사랑주기
09:00			오늘 난　　　해
09:30			
10:00	Awesome 1		
10:30			
11:00			
11:30			
12:00			
12:30			
13:00			
13:30			
14:00			
14:30			
15:00			
15:30			
16:00			
16:30			
17:00			
17:30	Awesome 2		**Time spend a day**
18:00			숙면 🌙	
18:30			운동 🏌	
19:00			쓰기 ✍	
19:30			읽기 📖	
20:00			마음주문 ✝	
20:30			전화 / 문자 📞	
21:00			인터넷 / SNS 💻	
21:30	Awesome Night		진로 ✈	
22:00			휴식 ⛱	
22:30			**개선할 시간**	
23:00			**하루 평가**	☺ ☹ 😋 😣 😄
23:30			**오늘의 다짐**	

18. S.W.E.E.T Daily Schedule

D - 　　 20 년　　월　　일　　요일

☐ A타입 : 7시간 30분 수면　☐ B타입 : 6시간 수면　☐ C타입 : 4시간 30분 수면

TIME	Awesome Daily	Action	CHK LIST
24:00	Awesome Night		☐
01:00			☐
02:00			☐
03:00			☐
04:00			☐
05:00			☐
05:30			☐
06:00			☐
06:30	Awesome Morning		☐
07:00			☐
07:30			☐
08:00			**오늘의 끄적임**
08:30			♥ 나에게 사랑주기
09:00			오늘 난　　　해
09:30			
10:00	Awesome 1		
10:30			
11:00			
11:30			
12:00			
12:30			
13:00			
13:30			
14:00			
14:30			
15:00			
15:30			
16:00			
16:30			
17:00			
17:30	Awesome 2		**Time spend a day**
18:00			숙면 🌙
18:30			운동 🏃
19:00			쓰기 ✍
19:30			읽기 📖
20:00			마음주문 ✝
20:30			전화 / 문자 📞
21:00			인터넷 / SNS 💻
21:30	Awesome Night		진로 ✈
22:00			휴식 🍵
22:30			**개선할 시간**
23:00			**하루 평가**　☺ ☹ 😎 😣 😊
23:30			**오늘의 다짐**

19. S.W.E.E.T Daily Schedule

D −   20 년   월   일   요일

☐ A타입 : 7시간 30분 수면   ☐ B타입 : 6시간 수면   ☐ C타입 : 4시간 30분 수면

TIME	Awesome Daily	Action	CHK LIST
24:00	Awesome Night		☐
01:00			☐
02:00			☐
03:00			☐
04:00			☐
05:00			☐
05:30			☐
06:00			☐
06:30	Awesome Morning		☐
07:00			☐
07:30			☐
08:00			**오늘의 끄적임**
08:30			♥ 나에게 사랑주기
09:00			오늘 난 해
09:30			
10:00	Awesome 1		
10:30			
11:00			
11:30			
12:00			
12:30			
13:00			
13:30			
14:00			
14:30			
15:00			
15:30			
16:00			
16:30			
17:00			
17:30	Awesome 2		**Time spend a day**
18:00			숙면 🌙	
18:30			운동 💪	
19:00			쓰기 ✍	
19:30			읽기 📖	
20:00			마음주문 ✝	
20:30			전화 / 문자 📞	
21:00			인터넷 / SNS 💻	
21:30	Awesome Night		진로 ✈	
22:00			휴식 🛋	
22:30			**개선할 시간**	
23:00			**하루 평가**	☺ ☹ 😋 😣 😎
23:30			**오늘의 다짐**	

20. S.W.E.E.T Daily Schedule

D - 　20 년　월　일　요일

☐ A타입 : 7시간 30분 수면　☐ B타입 : 6시간 수면　☐ C타입 : 4시간 30분 수면

TIME	Awesome Daily	Action	CHK LIST
24:00	Awesome		☐
01:00	Night		☐
02:00			☐
03:00			☐
04:00			☐
05:00			☐
05:30			☐
06:00			☐
06:30	Awesome		☐
07:00	Morning		☐
07:30			☐
08:00			**오늘의 끄적임**
08:30			
09:00			♥ 나에게 사랑주기
09:30			오늘 난　　해
10:00	Awesome 1		
10:30			
11:00			
11:30			
12:00			
12:30			
13:00			
13:30			
14:00			
14:30			
15:00			
15:30			
16:00			
16:30			
17:00			
17:30	Awesome 2		**Time spend a day**
18:00			숙면 🌙
18:30			운동 🏃
19:00			쓰기 ✍
19:30			읽기 📖
20:00			마음주문 ✝
20:30			전화 / 문자 📞
21:00			인터넷 / SNS 💻
21:30	Awesome		진로 ✈
22:00	Night		휴식 🏖
22:30			**개선할 시간**
23:00			**하루 평가** ☺ ☹ 😊 😣 😄
23:30			**오늘의 다짐**

21. S.W.E.E.T Daily Schedule

D -   20   년   월   일   요일

☐ A타입 : 7시간 30분 수면   ☐ B타입 : 6시간 수면   ☐ C타입 : 4시간 30분 수면

TIME	Awesome Daily	Action	CHK LIST
24:00	Awesome Night		☐
01:00			☐
02:00			☐
03:00			☐
04:00			☐
05:00			☐
05:30			☐
06:00			☐
06:30	Awesome Morning		☐
07:00			☐
07:30			☐
08:00			**오늘의 끄적임**
08:30			
09:00			♥ 나에게 사랑주기
09:30			오늘 난 해
10:00	Awesome 1		
10:30			
11:00			
11:30			
12:00			
12:30			
13:00			
13:30			
14:00			
14:30			
15:00			
15:30			
16:00			
16:30			
17:00			
17:30	Awesome 2		**Time spend a day**
18:00			숙면 🌙
18:30			운동 🏋
19:00			쓰기 🖋
19:30			읽기 📖
20:00			마음주문 ✝
20:30			전화 / 문자 📞
21:00			인터넷 / SNS 💻
21:30	Awesome Night		진로 ✈
22:00			휴식 🏖
22:30			**개선할 시간**
23:00			**하루 평가** ☺ ☹ 😄 😣 😋
23:30			**오늘의 다짐**

S.W.E.E.T Weekly Feedback

♥ 한 주의 일상을 되돌아보는 코칭 질문 5가지
: 서로 질문과 경청, 공감을 진행해보면 더욱 유익하다.

Q1 한 주간 열정을 가졌던 점은 무엇이었고, 그것에 대해 채워진 욕구는 무엇인가?

Q2 한 주간 아쉬웠던 점은 무엇이었고, 그것에 대해 채우고 싶은 욕구는 무엇인가?

Q3 한 주간 동료에게 배려했던 점과 배려하지 못해 아쉬운 점은 무엇인가?

Q4 한 주간 가족에게 관심을 가진 점과 관심을 가지지 못해 아쉬운 점은 무엇인가?

Q5 한 주간 좌우명에 맞추어 몇 점으로 측정하는가?(10점)

Time spend a 7day / etc.	
숙면 🌙	
운동 ✦	
쓰기 ✎	
읽기 📖	
마음 주문 ✝	
전화/문자 📞	
인터넷 / SNS 💻	
진로 ✈	
휴식 🏖	
개선할 시간	
1주일 평가	☺ ☹ 😋 😣 😋
1주일 다짐	

♥ 한계를 넘는 1주일의 자유로운 노트 또는 이미지

22. S.W.E.E.T Daily Schedule

D - 　　　20 년　　월　　일　　요일

☐ A타입 : 7시간 30분 수면　　☐ B타입 : 6시간 수면　　☐ C타입 : 4시간 30분 수면

TIME	Awesome Daily	Action	CHK LIST
24:00	Awesome Night		☐
01:00			☐
02:00			☐
03:00			☐
04:00			☐
05:00			☐
05:30			☐
06:00			☐
06:30	Awesome Morning		☐
07:00			☐
07:30			☐
08:00			**오늘의 끄적임**
08:30			♥ 나에게 사랑주기
09:00			오늘 난　　해
09:30			
10:00	Awesome 1		
10:30			
11:00			
11:30			
12:00			
12:30			
13:00			
13:30			
14:00			
14:30			
15:00			
15:30			
16:00			
16:30			
17:00			
17:30	Awesome 2		**Time spend a day**
18:00			숙면 🌙	
18:30			운동 🏃	
19:00			쓰기 ✍	
19:30			읽기 📖	
20:00			마음주문 ✝	
20:30			전화 / 문자 📞	
21:00			인터넷 / SNS 💻	
21:30	Awesome Night		진로 ✈	
22:00			휴식 🛋	
22:30			**개선할 시간**	
23:00			**하루 평가**	☺ ☹ 😎 😣 😋
23:30			**오늘의 다짐**	

23. S.W.E.T Daily Schedule

D – _____ 20 년 _____ 월 _____ 일 _____ 요일

☐ A타입 : 7시간 30분 수면 ☐ B타입 : 6시간 수면 ☐ C타입 : 4시간 30분 수면

TIME	Awesome Daily	Action	CHK LIST
24:00	Awesome Night		☐
01:00			☐
02:00			☐
03:00			☐
04:00			☐
05:00			☐
05:30			☐
06:00			☐
06:30	Awesome Morning		☐
07:00			☐
07:30			☐
08:00			**오늘의 끄적임**
08:30			
09:00			♥ 나에게 사랑주기
09:30			오늘 난 _____ 해
10:00	Awesome 1		
10:30			
11:00			
11:30			
12:00			
12:30			
13:00			
13:30			
14:00			
14:30			
15:00			
15:30			
16:00			
16:30			
17:00			
17:30	Awesome 2		**Time spend a day**
18:00			숙면 🌙
18:30			운동 🏌
19:00			쓰기 ✍
19:30			읽기 📖
20:00			마음주문 ✝
20:30			전화 / 문자 📞
21:00			인터넷 / SNS 💻
21:30	Awesome Night		진로 ✈
22:00			휴식 🛌
22:30			**개선할 시간**
23:00			**하루 평가** ☺ ☹ 😎 😣 😋
23:30			**오늘의 다짐**

24. S.W.E.E.T Daily Schedule

D −   20 년   월   일   요일

☐ A타입 : 7시간 30분 수면   ☐ B타입 : 6시간 수면   ☐ C타입 : 4시간 30분 수면

TIME	Awesome Daily	Action	CHK LIST
24:00	Awesome Night		☐
01:00			☐
02:00			☐
03:00			☐
04:00			☐
05:00			☐
05:30			☐
06:00			☐
06:30	Awesome Morning		☐
07:00			☐
07:30			☐
08:00			**오늘의 끄적임**
08:30			♥ 나에게 사랑주기
09:00			오늘 난　　해
09:30			
10:00	Awesome 1		
10:30			
11:00			
11:30			
12:00			
12:30			
13:00			
13:30			
14:00			
14:30			
15:00			
15:30			
16:00			
16:30			
17:00			
17:30	Awesome 2		**Time spend a day**
18:00			숙면 🌙	
18:30			운동 🏃	
19:00			쓰기 ✍	
19:30			읽기 📖	
20:00			마음주문 ✝	
20:30			전화 / 문자 📞	
21:00			인터넷 / SNS 💻	
21:30	Awesome Night		진로 ✈	
22:00			휴식 ☕	
22:30			**개선할 시간**	
23:00			**하루 평가**	☺ ☹ 😎 😣 😊
23:30			**오늘의 다짐**	

25. S.W.E.E.T Daily Schedule

D - 　20 년 　월 　일 　요일

TIME	Awesome Daily	Action	CHK LIST
24:00	Awesome		☐
01:00	Night		☐
02:00			☐
03:00			☐
04:00			☐
05:00			☐
05:30			☐
06:00			☐
06:30	Awesome		☐
07:00	Morning		☐
07:30			☐
08:00			**오늘의 끄적임**
08:30			
09:00			♥ 나에게 사랑주기
09:30			오늘 난 　　　해
10:00	Awesome 1		
10:30			
11:00			
11:30			
12:00			
12:30			
13:00			
13:30			
14:00			
14:30			
15:00			
15:30			
16:00			
16:30			
17:00			
17:30	Awesome 2		**Time spend a day**
18:00			숙면 🌙
18:30			운동 💪
19:00			쓰기 ✍
19:30			읽기 📖
20:00			마음주문 ✝
20:30			전화 / 문자 📞
21:00			인터넷 / SNS 💻
21:30	Awesome		진로 ✈
22:00	Night		휴식 🛌
22:30			**개선할 시간**
23:00			**하루 평가** ☺ ☹ 😊 😣 😆
23:30			**오늘의 다짐**

26. S.W.E.E.T Daily Schedule

D –   20 년   월   일   요일

☐ A타입 : 7시간 30분 수면   ☐ B타입 : 6시간 수면   ☐ C타입 : 4시간 30분 수면

TIME	Awesome Daily	Action	CHK LIST
24:00	Awesome Night		☐
01:00			☐
02:00			☐
03:00			☐
04:00			☐
05:00			☐
05:30			☐
06:00			☐
06:30	Awesome Morning		☐
07:00			☐
07:30			☐
08:00			**오늘의 끄적임**
08:30			
09:00			♥ 나에게 사랑주기
09:30			오늘 난 해
10:00	Awesome 1		
10:30			
11:00			
11:30			
12:00			
12:30			
13:00			
13:30			
14:00			
14:30			
15:00			
15:30			
16:00			
16:30			
17:00			
17:30	Awesome 2		**Time spend a day**
18:00			숙면 ☾
18:30			운동 🏋
19:00			쓰기 ✍
19:30			읽기 📖
20:00			마음주문 ✝
20:30			전화 / 문자 📞
21:00			인터넷 / SNS 💻
21:30	Awesome Night		진로 ✈
22:00			휴식 🛋
22:30			**개선할 시간**
23:00			**하루 평가** ☺ ☹ 😎 😣 😆
23:30			**오늘의 다짐**

27. S.W.E.E.T Daily Schedule

D – 　　　20 년 　월 　일 　요일

☐ A타입 : 7시간 30분 수면 　☐ B타입 : 6시간 수면 　☐ C타입 : 4시간 30분 수면

TIME	Awesome Daily	Action	CHK LIST
24:00	Awesome		☐
01:00	Night		☐
02:00			☐
03:00			☐
04:00			☐
05:00			☐
05:30			☐
06:00			☐
06:30	Awesome		☐
07:00	Morning		☐
07:30			☐
08:00			**오늘의 끄적임**
08:30			
09:00			♥ 나에게 사랑주기
09:30			오늘 난 　　해
10:00	Awesome 1		
10:30			
11:00			
11:30			
12:00			
12:30			
13:00			
13:30			
14:00			
14:30			
15:00			
15:30			
16:00			
16:30			
17:00			
17:30	Awesome 2		**Time spend a day**
18:00			숙면 🌙	
18:30			운동 🏋	
19:00			쓰기 ✍	
19:30			읽기 📖	
20:00			마음주문 ✝	
20:30			전화 / 문자 📞	
21:00			인터넷 / SNS 💻	
21:30	Awesome		진로 ✈	
22:00	Night		휴식 🍵	
22:30			**개선할 시간**	
23:00			**하루 평가**	☺ ☹ 😋 😣 😄
23:30			**오늘의 다짐**	

28. S.W.E.T Daily Schedule

D -   20 년   월   일   요일

☐ A타입 : 7시간 30분 수면   ☐ B타입 : 6시간 수면   ☐ C타입 : 4시간 30분 수면

TIME	Awesome Daily	Action	CHK LIST
24:00	Awesome Night		☐
01:00			☐
02:00			☐
03:00			☐
04:00			☐
05:00			☐
05:30			☐
06:00			☐
06:30	Awesome Morning		☐
07:00			☐
07:30			☐
08:00			**오늘의 끄적임**
08:30			
09:00			♥ 나에게 사랑주기
09:30			오늘 난 해
10:00	Awesome 1		
10:30			
11:00			
11:30			
12:00			
12:30			
13:00			
13:30			
14:00			
14:30			
15:00			
15:30			
16:00			
16:30			
17:00			
17:30	Awesome 2		**Time spend a day**
18:00			숙면 ☾
18:30			운동 🏋
19:00			쓰기 ✐
19:30			읽기 📖
20:00			마음주문 ✝
20:30			전화 / 문자 ☎
21:00			인터넷 / SNS 💻
21:30	Awesome Night		진로 ✈
22:00			휴식 🛌
22:30			**개선할 시간**
23:00			**하루 평가** ☺ ☹ 😄 😣 😃
23:30			**오늘의 다짐**

S.W.E.E.T Weekly Feedback

♥ 한 주의 일상을 되돌아보는 코칭 질문 5가지
: 서로 질문과 경청, 공감을 진행해보면 더욱 유익하다.

Q1 한 주간 열정을 가졌던 점은 무엇이었고, 그것에 대해 채워진 욕구는 무엇인가?

Q2 한 주간 아쉬웠던 점은 무엇이었고, 그것에 대해 채우고 싶은 욕구는 무엇인가?

Q3 한 주간 동료에게 배려했던 점과 배려하지 못해 아쉬운 점은 무엇인가?

Q4 한 주간 가족에게 관심을 가진 점과 관심을 가지지 못해 아쉬운 점은 무엇인가?

Q5 한 주간 좌우명에 맞추어 몇 점으로 측정하는가?(10점)

Time spend a 7day / etc.	
숙면 🌙	
운동 🏋	
쓰기 ✍	
읽기 📖	
마음 주문 ✝	
전화/문자 📞	
인터넷 / SNS 💻	
진로 ✈	
휴식 🏖	
개선할 시간	
1주일 평가	☺ ☹ 😐 😣 😄
1주일 다짐	

♥ 한계를 넘는 1주일의 자유로운 노트 또는 이미지

S.W.E.E.T Monthly Feedback

20 년 월 '   '

●Motto :

날짜	20 년 월 일 ~ 일	
월 주제		
심리		
Motto **좌우명** **(내부)**		
Motto **좌우명(외부)**	잘한 점	아쉬운 점
Relationship **관계**	잘한 점	아쉬운 점
Reading **읽기**	잘한 점	아쉬운 점
Write **쓰기**	잘한 점	아쉬운 점
Sleep **운동 · 수면**	잘한 점	아쉬운 점

멈추지 않는 이상
얼마나 천천히 가는지는
문제가 되지 않는다.

- 공자

S.W.E.E.T Monthly Schedule

20 　 년 　 월

♥ 꼭 기억해야만 하는 행사 및 일정 :

♥ 이번 달 스위트한 나를 위해 되뇌일 문구 :

Sun	Mon	Tue	Wed	Thu	Fri	Sat

S.W.E.E.T Monthly MRRWS Plan

20 년 월 '   '

● Motto :

날짜	20 년 월 일 ~ 일
월 주제	
심리	

Motto 좌우명 (내부)	

Motto 좌우명(외부)	
Relationship 관계	
Reading 읽기	
Write 쓰기	
Sleep 운동 · 수면	

29. S.W.E.E.T Daily Schedule

D – 　　　　20 년　　월　　일　　요일

☐ A타입 : 7시간 30분 수면　☐ B타입 : 6시간 수면　☐ C타입 : 4시간 30분 수면

TIME	Awesome Daily	Action	CHK LIST
24:00	Awesome Night		☐
01:00			☐
02:00			☐
03:00			☐
04:00			☐
05:00			☐
05:30			☐
06:00			☐
06:30	Awesome Morning		☐
07:00			☐
07:30			☐
08:00			**오늘의 끄적임**
08:30			
09:00			♥ 나에게 사랑주기
09:30			오늘 난　　　해
10:00	Awesome 1		
10:30			
11:00			
11:30			
12:00			
12:30			
13:00			
13:30			
14:00			
14:30			
15:00			
15:30			
16:00			
16:30			
17:00			
17:30	Awesome 2		**Time spend a day**
18:00			숙면 ☾
18:30			운동 🏋
19:00			쓰기 ✍
19:30			읽기 📖
20:00			마음주문 ✝
20:30			전화 / 문자 📞
21:00			인터넷 / SNS 💻
21:30	Awesome Night		진로 ✈
22:00			휴식 🛋
22:30			**개선할 시간**
23:00			**하루 평가** ☺ ☹ 😄 😣 😄
23:30			**오늘의 다짐**

30. S.W.E.E.T Daily Schedule

D - 　20 년 　월 　일 　요일

☐ A타입 : 7시간 30분 수면　　☐ B타입 : 6시간 수면　　☐ C타입 : 4시간 30분 수면

TIME	Awesome Daily	Action	CHK LIST
24:00	Awesome		☐
01:00	Night		☐
02:00			☐
03:00			☐
04:00			☐
05:00			☐
05:30			☐
06:00			☐
06:30	Awesome		☐
07:00	Morning		☐
07:30			☐
08:00			**오늘의 끄적임**
08:30			♥ 나에게 사랑주기
09:00			오늘 난　　　해
09:30			
10:00	Awesome 1		
10:30			
11:00			
11:30			
12:00			
12:30			
13:00			
13:30			
14:00			
14:30			
15:00			
15:30			
16:00			
16:30			
17:00			
17:30	Awesome 2		**Time spend a day**
18:00			숙면 ☾
18:30			운동 🏃
19:00			쓰기 ✍
19:30			읽기 📖
20:00			마음주문 ✝
20:30			전화 / 문자 📞
21:00			인터넷 / SNS 💻
21:30	Awesome		진로 ✈
22:00	Night		휴식 🛌
22:30			**개선할 시간**
23:00			**하루 평가** ☺ ☹ 😊 😣 😋
23:30			**오늘의 다짐**

31. S.W.E.E.T Daily Schedule

☐ A타입 : 7시간 30분 수면　　☐ B타입 : 6시간 수면　　☐ C타입 : 4시간 30분 수면

TIME	Awesome Daily	Action	CHK LIST
24:00	Awesome Night		☐
01:00			☐
02:00			☐
03:00			☐
04:00			☐
05:00			☐
05:30			☐
06:00			☐
06:30	Awesome Morning		☐
07:00			☐
07:30			☐
08:00			**오늘의 끄적임**
08:30			
09:00			♥ 나에게 사랑주기
09:30			오늘 난　　　해
10:00	Awesome 1		
10:30			
11:00			
11:30			
12:00			
12:30			
13:00			
13:30			
14:00			
14:30			
15:00			
15:30			
16:00			
16:30			
17:00			
17:30	Awesome 2		**Time spend a day**
18:00			숙면 🌙
18:30			운동 🏋
19:00			쓰기 ✍
19:30			읽기 📖
20:00			마음주문 ✝
20:30			전화 / 문자 📞
21:00			인터넷 / SNS 💻
21:30	Awesome Night		진로 ✈
22:00			휴식 🏖
22:30			**개선할 시간**
23:00			**하루 평가**　☺☹😋😣😃
23:30			**오늘의 다짐**

D –   20 년   월   일   요일

☐ A타입 : 7시간 30분 수면   ☐ B타입 : 6시간 수면   ☐ C타입 : 4시간 30분 수면

TIME	Awesome Daily	Action	CHK LIST
24:00	Awesome		☐
01:00	Night		☐
02:00			☐
03:00			☐
04:00			☐
05:00			☐
05:30			☐
06:00			☐
06:30	Awesome		☐
07:00	Morning		☐
07:30			☐
08:00			**오늘의 끄적임**
08:30			♥ 나에게 사랑주기
09:00			오늘 난　　　해
09:30			
10:00	Awesome 1		
10:30			
11:00			
11:30			
12:00			
12:30			
13:00			
13:30			
14:00			
14:30			
15:00			
15:30			
16:00			
16:30			
17:00			

TIME	Awesome Daily	Action	Time spend a day	
17:30	Awesome 2		숙면 🌙	
18:00			운동 ✈	
18:30			쓰기 ✍	
19:00			읽기 📖	
19:30			마음주문 ✝	
20:00			전화 / 문자 📞	
20:30			인터넷 / SNS 💻	
21:00			진로 ✈	
21:30	Awesome		휴식 🍵	
22:00	Night		**개선할 시간**	
22:30				
23:00			**하루 평가**	☺ ☹ 😊 😣 😋
23:30			**오늘의 다짐**	

33. S.W.E.E.T Daily Schedule

D –   20 년   월   일   요일

☐ A타입 : 7시간 30분 수면   ☐ B타입 : 6시간 수면   ☐ C타입 : 4시간 30분 수면

TIME	Awesome Daily	Action	CHK LIST
24:00	Awesome Night		☐
01:00			☐
02:00			☐
03:00			☐
04:00			☐
05:00			☐
05:30			☐
06:00			☐
06:30	Awesome Morning		☐
07:00			☐
07:30			☐
08:00			**오늘의 끄적임**
08:30			
09:00			♥ 나에게 사랑주기
09:30			오늘 난　　해
10:00	Awesome 1		
10:30			
11:00			
11:30			
12:00			
12:30			
13:00			
13:30			
14:00			
14:30			
15:00			
15:30			
16:00			
16:30			
17:00			
17:30	Awesome 2		**Time spend a day**
18:00			숙면 🌙
18:30			운동
19:00			쓰기
19:30			읽기 📖
20:00			마음주문 ✝
20:30			전화 / 문자 📞
21:00			인터넷 / SNS 💻
21:30	Awesome Night		진로 ✈
22:00			휴식
22:30			**개선할 시간**
23:00			**하루 평가**　☺ ☹ 😎 😣 😋
23:30			**오늘의 다짐**

34. S.W.E.E.T Daily Schedule

D – 　　20 년　　월　　일　　요일

☐ A타입 : 7시간 30분 수면　　☐ B타입 : 6시간 수면　　☐ C타입 : 4시간 30분 수면

TIME	Awesome Daily	Action	CHK LIST
24:00	Awesome Night		☐
01:00			☐
02:00			☐
03:00			☐
04:00			☐
05:00			☐
05:30			☐
06:00			☐
06:30	Awesome Morning		☐
07:00			☐
07:30			☐
08:00			**오늘의 끄적임**
08:30			
09:00			♥ 나에게 사랑주기
09:30			오늘 난　　　해
10:00	Awesome 1		
10:30			
11:00			
11:30			
12:00			
12:30			
13:00			
13:30			
14:00			
14:30			
15:00			
15:30			
16:00			
16:30			
17:00			
17:30	Awesome 2		**Time spend a day**
18:00			숙면 🌙
18:30			운동 🏋
19:00			쓰기 ✍
19:30			읽기 📖
20:00			마음주문 †
20:30			전화 / 문자 📞
21:00			인터넷 / SNS 💻
21:30	Awesome Night		진로 ✈
22:00			휴식 🏖
22:30			**개선할 시간**
23:00			**하루 평가** ☺ ☹ 😊 😠 😋
23:30			**오늘의 다짐**

35. S.W.E.E.T Daily Schedule

D –   20 년   월   일   요일

☐ A타입 : 7시간 30분 수면   ☐ B타입 : 6시간 수면   ☐ C타입 : 4시간 30분 수면

TIME	Awesome Daily	Action	CHK LIST
24:00	Awesome		☐
01:00	Night		☐
02:00			☐
03:00			☐
04:00			☐
05:00			☐
05:30			☐
06:00			☐
06:30	Awesome		☐
07:00	Morning		☐
07:30			☐
08:00			**오늘의 끄적임**
08:30			
09:00			♥ 나에게 사랑주기
09:30			오늘 난　　　해
10:00	Awesome 1		
10:30			
11:00			
11:30			
12:00			
12:30			
13:00			
13:30			
14:00			
14:30			
15:00			
15:30			
16:00			
16:30			
17:00			
17:30	Awesome 2		**Time spend a day**
18:00			숙면 ☾	
18:30			운동 🏃	
19:00			쓰기 ✍	
19:30			읽기 📖	
20:00			마음주문 ✝	
20:30			전화 / 문자 📞	
21:00			인터넷 / SNS 💻	
21:30	Awesome		진로 ✈	
22:00	Night		휴식 🍵	
22:30			**개선할 시간**	
23:00			**하루 평가**	☺ ☹ 😋 😣 😎
23:30			**오늘의 다짐**	

S.W.E.E.T Weekly Feedback

♥ **한 주의 일상을 되돌아보는 코칭 질문 5가지**
: 서로 질문과 경청, 공감을 진행해보면 더욱 유익하다.

Q1 한 주간 열정을 가졌던 점은 무엇이었고, 그것에 대해 채워진 욕구는 무엇인가?

Q2 한 주간 아쉬웠던 점은 무엇이었고, 그것에 대해 채우고 싶은 욕구는 무엇인가?

Q3 한 주간 동료에게 배려했던 점과 배려하지 못해 아쉬운 점은 무엇인가?

Q4 한 주간 가족에게 관심을 가진 점과 관심을 가지지 못해 아쉬운 점은 무엇인가?

Q5 한 주간 좌우명에 맞추어 몇 점으로 측정하는가?(10점)

Time spend a 7day / etc.	
숙면 🌙	
운동 🏋	
쓰기 ✍	
읽기 📖	
마음 주문 ✝	
전화/문자 📞	
인터넷 / SNS 💻	
진로 ✈	
휴식 🏖	
개선할 시간	
1주일 평가	☺ ☹ 😋 😣 😄
1주일 다짐	

♥ **한계를 넘는 1주일의 자유로운 노트 또는 이미지**

36. S.W.E.T Daily Schedule

D - 　　20 년 　월 　일 　요일

☐ A타입 : 7시간 30분 수면　　☐ B타입 : 6시간 수면　　☐ C타입 : 4시간 30분 수면

TIME	Awesome Daily	Action	CHK LIST
24:00	Awesome		☐
01:00	Night		☐
02:00			☐
03:00			☐
04:00			☐
05:00			☐
05:30			☐
06:00			☐
06:30	Awesome		☐
07:00	Morning		☐
07:30			☐
08:00			**오늘의 끄적임**
08:30			
09:00			♥ 나에게 사랑주기
09:30			오늘 난 　　해
10:00	Awesome 1		
10:30			
11:00			
11:30			
12:00			
12:30			
13:00			
13:30			
14:00			
14:30			
15:00			
15:30			
16:00			
16:30			
17:00			

TIME	Awesome Daily	Action	Time spend a day	
17:30	Awesome 2			
18:00			숙면 🌙	
18:30			운동 💪	
19:00			쓰기 ✍	
19:30			읽기 📖	
20:00			마음주문 ✝	
20:30			전화 / 문자 📞	
21:00			인터넷 / SNS 💻	
21:30	Awesome		진로 ✈	
22:00	Night		휴식 ☕	
22:30			**개선할 시간**	
23:00			**하루 평가**	☺ ☹ 😊 😣 😋
23:30			**오늘의 다짐**	

37. S.W.E.E.T Daily Schedule

D - 　　20 년　월　일　요일

☐ A타입 : 7시간 30분 수면　☐ B타입 : 6시간 수면　☐ C타입 : 4시간 30분 수면

TIME	Awesome Daily	Action	CHK LIST
24:00	Awesome		☐
01:00	Night		☐
02:00			☐
03:00			☐
04:00			☐
05:00			☐
05:30			☐
06:00			☐
06:30	Awesome		☐
07:00	Morning		☐
07:30			☐
08:00			**오늘의 끄적임**
08:30			♥ 나에게 사랑주기
09:00			오늘 난　　　해
09:30			
10:00	Awesome 1		
10:30			
11:00			
11:30			
12:00			
12:30			
13:00			
13:30			
14:00			
14:30			
15:00			
15:30			
16:00			
16:30			
17:00			
17:30	Awesome 2		**Time spend a day**
18:00			숙면 🌙
18:30			운동 🏃
19:00			쓰기 ✍
19:30			읽기 📖
20:00			마음주문 ✝
20:30			전화 / 문자 📞
21:00			인터넷 / SNS 💻
21:30	Awesome		진로 ✈
22:00	Night		휴식 🛌
22:30			**개선할 시간**
23:00			**하루 평가**　☺ ☹ 😋 😣 😄
23:30			**오늘의 다짐**

38. S.W.E.T Daily Schedule

D -   20 년   월   일   요일

□ A타입 : 7시간 30분 수면   □ B타입 : 6시간 수면   □ C타입 : 4시간 30분 수면

TIME	Awesome Daily	Action	CHK LIST
24:00	Awesome		□
01:00	Night		□
02:00			□
03:00			□
04:00			□
05:00			□
05:30			□
06:00			□
06:30	Awesome		□
07:00	Morning		□
07:30			□
08:00			**오늘의 끄적임**
08:30			
09:00			♥ 나에게 사랑주기
09:30			오늘 난　　　해
10:00	Awesome 1		
10:30			
11:00			
11:30			
12:00			
12:30			
13:00			
13:30			
14:00			
14:30			
15:00			
15:30			
16:00			
16:30			
17:00			
17:30	Awesome 2		**Time spend a day**
18:00			숙면 ☾
18:30			운동 ⚸
19:00			쓰기 ✍
19:30			읽기 📖
20:00			마음주문 ✝
20:30			전화 / 문자 ☏
21:00			인터넷 / SNS 💻
21:30	Awesome		진로 ✈
22:00	Night		휴식 ☕
22:30			**개선할 시간**
23:00			**하루 평가**　☺ ☹ 😋 😣 😄
23:30			**오늘의 다짐**

39. S.W.E.E.T Daily Schedule

D - 　　　　20 년 　 월 　 일 　 요일

☐ A타입 : 7시간 30분 수면 　 ☐ B타입 : 6시간 수면 　 ☐ C타입 : 4시간 30분 수면

TIME	Awesome Daily	Action	CHK LIST
24:00	Awesome		☐
01:00	Night		☐
02:00			☐
03:00			☐
04:00			☐
05:00			☐
05:30			☐
06:00			☐
06:30	Awesome		☐
07:00	Morning		☐
07:30			☐
08:00			**오늘의 끄적임**
08:30			♥ 나에게 사랑주기
09:00			오늘 난 　　　 해
09:30			
10:00	Awesome 1		
10:30			
11:00			
11:30			
12:00			
12:30			
13:00			
13:30			
14:00			
14:30			
15:00			
15:30			
16:00			
16:30			
17:00			
17:30	Awesome 2		**Time spend a day**
18:00			숙면 🌙
18:30			운동 🏋
19:00			쓰기 ✍
19:30			읽기 📖
20:00			마음주문 ✝
20:30			전화 / 문자 📞
21:00			인터넷 / SNS 💻
21:30	Awesome		진로 ✈
22:00	Night		휴식 🛌
22:30			**개선할 시간**
23:00			**하루 평가** 　 ☺ ☹ 😎 😣 😄
23:30			**오늘의 다짐**

40. S.W.E.E.T Daily Schedule

D -   20 년   월   일   요일

☐ A타입 : 7시간 30분 수면   ☐ B타입 : 6시간 수면   ☐ C타입 : 4시간 30분 수면

TIME	Awesome Daily	Action	CHK LIST	
24:00	Awesome Night		☐	
01:00			☐	
02:00			☐	
03:00			☐	
04:00			☐	
05:00			☐	
05:30			☐	
06:00			☐	
06:30	Awesome Morning		☐	
07:00			☐	
07:30			☐	
08:00			**오늘의 끄적임**	
08:30				
09:00			♥ 나에게 사랑주기	
09:30			오늘 난 해	
10:00	Awesome 1			
10:30				
11:00				
11:30				
12:00				
12:30				
13:00				
13:30				
14:00				
14:30				
15:00				
15:30				
16:00				
16:30				
17:00				
17:30	Awesome 2		**Time spend a day**	
18:00			숙면 ☾	
18:30			운동 🦵	
19:00			쓰기 ✍	
19:30			읽기 📖	
20:00			마음주문 ✝	
20:30			전화 / 문자 📞	
21:00			인터넷 / SNS 💻	
21:30	Awesome Night		진로 ✈	
22:00			휴식 🏖	
22:30			**개선할 시간**	
23:00			**하루 평가**	☺ ☹ 😋 😣 😄
23:30			**오늘의 다짐**	

41. S.W.E.E.T Daily Schedule

D -   20 년   월   일   요일

☐ A타입 : 7시간 30분 수면   ☐ B타입 : 6시간 수면   ☐ C타입 : 4시간 30분 수면

TIME	Awesome Daily	Action	CHK LIST
24:00	Awesome		☐
01:00	Night		☐
02:00			☐
03:00			☐
04:00			☐
05:00			☐
05:30			☐
06:00			☐
06:30	Awesome		☐
07:00	Morning		☐
07:30			☐
08:00			**오늘의 끄적임**
08:30			♥ 나에게 사랑주기
09:00			오늘 난 해
09:30			
10:00	Awesome 1		
10:30			
11:00			
11:30			
12:00			
12:30			
13:00			
13:30			
14:00			
14:30			
15:00			
15:30			
16:00			
16:30			
17:00			
17:30	Awesome 2		**Time spend a day**
18:00			숙면 ☾
18:30			운동 ⌐
19:00			쓰기 ✎
19:30			읽기 📖
20:00			마음주문 ✝
20:30			전화 / 문자 📞
21:00			인터넷 / SNS 💻
21:30	Awesome		진로 ✈
22:00	Night		휴식 ☕
22:30			**개선할 시간**
23:00			**하루 평가** ☺ ☹ 😑 😵 😎
23:30			**오늘의 다짐**

42. S.W.E.E.T Daily Schedule

D –   20   년   월   일   요일

☐ A타입 : 7시간 30분 수면   ☐ B타입 : 6시간 수면   ☐ C타입 : 4시간 30분 수면

TIME	Awesome Daily	Action	CHK LIST		
24:00	Awesome		☐		
01:00	Night		☐		
02:00			☐		
03:00			☐		
04:00			☐		
05:00			☐		
05:30			☐		
06:00			☐		
06:30	Awesome		☐		
07:00	Morning		☐		
07:30			☐		
08:00			**오늘의 끄적임**		
08:30					
09:00			♥ 나에게 사랑주기		
09:30			오늘 난 해		
10:00	Awesome 1				
10:30					
11:00					
11:30					
12:00					
12:30					
13:00					
13:30					
14:00					
14:30					
15:00					
15:30					
16:00					
16:30					
17:00					
17:30	Awesome 2		**Time spend a day**		
18:00			숙면 ☾		
18:30			운동 ☞		
19:00			쓰기 ✍		
19:30			읽기 📖		
20:00			마음주문 ✝		
20:30			전화 / 문자 ☏		
21:00			인터넷 / SNS 💻		
21:30	Awesome		진로 ✈		
22:00	Night		휴식 ☕		
22:30			**개선할 시간**		
23:00			**하루 평가**	☺ ☹ ☻ ☹ ☻	
23:30			**오늘의 다짐**		

S.W.E.E.T Weekly Feedback

♥ **한 주의 일상을 되돌아보는 코칭 질문 5가지**
: 서로 질문과 경청, 공감을 진행해보면 더욱 유익하다.

Q1 한 주간 열정을 가졌던 점은 무엇이었고, 그것에 대해 채워진 욕구는 무엇인가?

Q2 한 주간 아쉬웠던 점은 무엇이었고, 그것에 대해 채우고 싶은 욕구는 무엇인가?

Q3 한 주간 동료에게 배려했던 점과 배려하지 못해 아쉬운 점은 무엇인가?

Q4 한 주간 가족에게 관심을 가진 점과 관심을 가지지 못해 아쉬운 점은 무엇인가?

Q5 한 주간 좌우명에 맞추어 몇 점으로 측정하는가?(10점)

Time spend a 7day / etc.	
숙면 ☾	
운동 🏋	
쓰기 ✍	
읽기 📖	
마음 주문 ✝	
전화/문자 📞	
인터넷 / SNS 💻	
진로 ✈	
휴식 🏖	
개선할 시간	
1주일 평가	☺ ☹ 😑 😣 😋
1주일 다짐	

♥ **한계를 넘는 1주일의 자유로운 노트 또는 이미지**

43. S.W.E.E.T Daily Schedule

D -   20 년   월   일   요일

☐ A타입 : 7시간 30분 수면   ☐ B타입 : 6시간 수면   ☐ C타입 : 4시간 30분 수면

TIME	Awesome Daily	Action	CHK LIST
24:00	Awesome Night		☐
01:00			☐
02:00			☐
03:00			☐
04:00			☐
05:00			☐
05:30			☐
06:00			☐
06:30	Awesome Morning		☐
07:00			☐
07:30			☐

08:00			오늘의 끄적임
08:30			♥ 나에게 사랑주기
09:00			오늘 난 해
09:30			
10:00	Awesome 1		
10:30			
11:00			
11:30			
12:00			
12:30			
13:00			
13:30			
14:00			
14:30			
15:00			
15:30			
16:00			
16:30			
17:00			

17:30	Awesome 2		Time spend a day	
18:00			숙면 🌙	
18:30			운동 🏃	
19:00			쓰기 ✍	
19:30			읽기 📖	
20:00			마음주문 ✝	
20:30			전화 / 문자 📞	
21:00			인터넷 / SNS 💻	
21:30	Awesome Night		진로 ✈	
22:00			휴식 🏖	
22:30			개선할 시간	
23:00			하루 평가	😊😒😋😵😋
23:30			오늘의 다짐	

44. S.W.E.E.T Daily Schedule

D –   20 년   월   일   요일

☐ A타입 : 7시간 30분 수면   ☐ B타입 : 6시간 수면   ☐ C타입 : 4시간 30분 수면

TIME	Awesome Daily	Action	CHK LIST
24:00	Awesome Night		☐
01:00			☐
02:00			☐
03:00			☐
04:00			☐
05:00			☐
05:30			☐
06:00			☐
06:30	Awesome Morning		☐
07:00			☐
07:30			☐
08:00			**오늘의 끄적임**
08:30			♥ 나에게 사랑주기
09:00			오늘 난 해
09:30			
10:00	Awesome 1		
10:30			
11:00			
11:30			
12:00			
12:30			
13:00			
13:30			
14:00			
14:30			
15:00			
15:30			
16:00			
16:30			
17:00			
17:30	Awesome 2		**Time spend a day**
18:00			숙면 ☾	
18:30			운동 🏃	
19:00			쓰기 ✍	
19:30			읽기 📖	
20:00			마음주문 ✝	
20:30			전화 / 문자 📞	
21:00			인터넷 / SNS 💻	
21:30	Awesome Night		진로 ✈	
22:00			휴식 🛋	
22:30			**개선할 시간**	
23:00			**하루 평가**	☺ ☹ 😄 😣 😋
23:30			**오늘의 다짐**	

45. S.W.E.E.T Daily Schedule

D –   20 년   월   일   요일

☐ A타입 : 7시간 30분 수면   ☐ B타입 : 6시간 수면   ☐ C타입 : 4시간 30분 수면

TIME	Awesome Daily	Action	CHK LIST
24:00	Awesome		☐
01:00	Night		☐
02:00			☐
03:00			☐
04:00			☐
05:00			☐
05:30			☐
06:00			☐
06:30	Awesome		☐
07:00	Morning		☐
07:30			☐
08:00			오늘의 끄적임
08:30			
09:00			♥ 나에게 사랑주기
09:30			오늘 난 해
10:00	Awesome 1		
10:30			
11:00			
11:30			
12:00			
12:30			
13:00			
13:30			
14:00			
14:30			
15:00			
15:30			
16:00			
16:30			
17:00			
17:30	Awesome 2		Time spend a day
18:00			숙면 ☾
18:30			운동 ↙
19:00			쓰기 ✎
19:30			읽기 📖
20:00			마음주문 ✝
20:30			전화 / 문자 ☎
21:00			인터넷 / SNS 💻
21:30	Awesome		진로 ✈
22:00	Night		휴식 🛋
22:30			개선할 시간
23:00			하루 평가 ☺ ☹ 😀 😣 😄
23:30			오늘의 다짐

46. S.W.E.E.T Daily Schedule

D - 　 20 년 　 월 　 일 　 요일

☐ A타입 : 7시간 30분 수면　☐ B타입 : 6시간 수면　☐ C타입 : 4시간 30분 수면

TIME	Awesome Daily	Action	CHK LIST
24:00	Awesome		☐
01:00	Night		☐
02:00			☐
03:00			☐
04:00			☐
05:00			☐
05:30			☐
06:00			☐
06:30	Awesome		☐
07:00	Morning		☐
07:30			☐
08:00			**오늘의 끄적임**
08:30			♥ 나에게 사랑주기
09:00			오늘 난　　　해
09:30			
10:00	Awesome 1		
10:30			
11:00			
11:30			
12:00			
12:30			
13:00			
13:30			
14:00			
14:30			
15:00			
15:30			
16:00			
16:30			
17:00			
17:30	Awesome 2		**Time spend a day**
18:00			숙면 🌙
18:30			운동 🏌
19:00			쓰기 ✍
19:30			읽기 📖
20:00			마음주문 ✝
20:30			전화 / 문자 📞
21:00			인터넷 / SNS 💻
21:30	Awesome		진로 ✈
22:00	Night		휴식 ☕
22:30			**개선할 시간**
23:00			**하루 평가**　😊 😕 😎 😣 😃
23:30			**오늘의 다짐**

47. S.W.E.E.T Daily Schedule

D -   20 년   월   일   요일

☐ A타입 : 7시간 30분 수면   ☐ B타입 : 6시간 수면   ☐ C타입 : 4시간 30분 수면

TIME	Awesome Daily	Action	CHK LIST
24:00	Awesome		☐
01:00	Night		☐
02:00			☐
03:00			☐
04:00			☐
05:00			☐
05:30			☐
06:00			☐
06:30	Awesome		☐
07:00	Morning		☐
07:30			☐
08:00			**오늘의 끄적임**
08:30			
09:00			♥ 나에게 사랑주기
09:30			오늘 난 해
10:00	Awesome 1		
10:30			
11:00			
11:30			
12:00			
12:30			
13:00			
13:30			
14:00			
14:30			
15:00			
15:30			
16:00			
16:30			
17:00			
17:30	Awesome 2		**Time spend a day**
18:00			숙면 🌙	
18:30			운동 🏋	
19:00			쓰기 ✍	
19:30			읽기 📖	
20:00			마음주문 ✝	
20:30			전화 / 문자 📞	
21:00			인터넷 / SNS 💻	
21:30	Awesome		진로 ✈	
22:00	Night		휴식 ☕	
22:30			**개선할 시간**	
23:00			**하루 평가**	☺ ☹ 😊 😣 😎
23:30			**오늘의 다짐**	

48. S.W.E.E.T Daily Schedule

D -   20 년   월   일   요일

☐ A타입 : 7시간 30분 수면   ☐ B타입 : 6시간 수면   ☐ C타입 : 4시간 30분 수면

TIME	Awesome Daily	Action	CHK LIST
24:00	Awesome Night		☐
01:00			☐
02:00			☐
03:00			☐
04:00			☐
05:00			☐
05:30			☐
06:00			☐
06:30	Awesome Morning		☐
07:00			☐
07:30			☐
08:00			**오늘의 끄적임**
08:30			♥ 나에게 사랑주기
09:00			오늘 난 해
09:30			
10:00	Awesome 1		
10:30			
11:00			
11:30			
12:00			
12:30			
13:00			
13:30			
14:00			
14:30			
15:00			
15:30			
16:00			
16:30			
17:00			
17:30	Awesome 2		**Time spend a day**
18:00			숙면 🌙
18:30			운동 🏋
19:00			쓰기 ✍
19:30			읽기 📖
20:00			마음주문 ✝
20:30			전화 / 문자 📞
21:00			인터넷 / SNS 💻
21:30	Awesome Night		진로 ✈
22:00			휴식 🛌
22:30			**개선할 시간**
23:00			**하루 평가** ☺ ☹ ☻ 😣 😆
23:30			**오늘의 다짐**

49. S.W.E.E.T Daily Schedule

D –   20 년 월 일 요일

☐ A타입 : 7시간 30분 수면   ☐ B타입 : 6시간 수면   ☐ C타입 : 4시간 30분 수면

TIME	Awesome Daily	Action	CHK LIST
24:00	Awesome Night		☐
01:00			☐
02:00			☐
03:00			☐
04:00			☐
05:00			☐
05:30			☐
06:00			☐
06:30	Awesome Morning		☐
07:00			☐
07:30			☐
08:00			**오늘의 끄적임**
08:30			
09:00			♥ 나에게 사랑주기
09:30			오늘 난 해
10:00	Awesome 1		
10:30			
11:00			
11:30			
12:00			
12:30			
13:00			
13:30			
14:00			
14:30			
15:00			
15:30			
16:00			
16:30			
17:00			
17:30	Awesome 2		**Time spend a day**
18:00			숙면 🌙	
18:30			운동	
19:00			쓰기	
19:30			읽기 📖	
20:00			마음주문 ✝	
20:30			전화 / 문자 📞	
21:00			인터넷 / SNS 💻	
21:30	Awesome Night		진로 ✈	
22:00			휴식	
22:30			**개선할 시간**	
23:00			**하루 평가**	☺ ☹ 😋 😣 😄
23:30			**오늘의 다짐**	

S.W.E.E.T Weekly Feedback

♥ **한 주의 일상을 되돌아보는 코칭 질문 5가지**
: 서로 질문과 경청, 공감을 진행해보면 더욱 유익하다.

Q1 한 주간 열정을 가졌던 점은 무엇이었고, 그것에 대해 채워진 욕구는 무엇인가?

Q2 한 주간 아쉬웠던 점은 무엇이었고, 그것에 대해 채우고 싶은 욕구는 무엇인가?

Q3 한 주간 동료에게 배려했던 점과 배려하지 못해 아쉬운 점은 무엇인가?

Q4 한 주간 가족에게 관심을 가진 점과 관심을 가지지 못해 아쉬운 점은 무엇인가?

Q5 한 주간 좌우명에 맞추어 몇 점으로 측정하는가?(10점)

Time spend a 7day / etc.	
숙면 ☾	
운동 🦴	
쓰기 ✍	
읽기 📖	
마음 주문 ✝	
전화/문자 📞	
인터넷 / SNS 💻	
진로 ✈	
휴식 🏖	
개선할 시간	
1주일 평가	☺ ☹ 😑 😣 😋
1주일 다짐	

♥ **한계를 넘는 1주일의 자유로운 노트 또는 이미지**

50. S.W.E.T Daily Schedule   D -   20 년   월   일   요일

☐ A타입 : 7시간 30분 수면   ☐ B타입 : 6시간 수면   ☐ C타입 : 4시간 30분 수면

TIME	Awesome Daily	Action	CHK LIST	
24:00	Awesome Night		☐	
01:00			☐	
02:00			☐	
03:00			☐	
04:00			☐	
05:00			☐	
05:30			☐	
06:00			☐	
06:30	Awesome Morning		☐	
07:00			☐	
07:30			☐	
08:00			**오늘의 끄적임**	
08:30				
09:00			♥ 나에게 사랑주기	
09:30			오늘 난　　해	
10:00	Awesome 1			
10:30				
11:00				
11:30				
12:00				
12:30				
13:00				
13:30				
14:00				
14:30				
15:00				
15:30				
16:00				
16:30				
17:00				
17:30	Awesome 2		**Time spend a day**	
18:00			숙면 ☽	
18:30			운동 ☞	
19:00			쓰기 ✎	
19:30			읽기 📖	
20:00			마음주문 ✝	
20:30			전화 / 문자 ☎	
21:00			인터넷 / SNS 💻	
21:30	Awesome Night		진로 ✈	
22:00			휴식 🏖	
22:30			**개선할 시간**	
23:00			**하루 평가**	☺ ☹ 😊 😣 😋
23:30			**오늘의 다짐**	

51. S.W.E.E.T Daily Schedule

D -   20 년   월   일   요일

☐ A타입 : 7시간 30분 수면   ☐ B타입 : 6시간 수면   ☐ C타입 : 4시간 30분 수면

TIME	Awesome Daily	Action	CHK LIST
24:00	Awesome Night		☐
01:00			☐
02:00			☐
03:00			☐
04:00			☐
05:00			☐
05:30			☐
06:00			☐
06:30	Awesome Morning		☐
07:00			☐
07:30			☐
08:00			**오늘의 끄적임**
08:30			♥ 나에게 사랑주기
09:00			오늘 난　　　해
09:30			
10:00	Awesome 1		
10:30			
11:00			
11:30			
12:00			
12:30			
13:00			
13:30			
14:00			
14:30			
15:00			
15:30			
16:00			
16:30			
17:00			
17:30	Awesome 2		**Time spend a day**
18:00			숙면 🌙
18:30			운동 🏃
19:00			쓰기 ✍
19:30			읽기 📖
20:00			마음주문 ✝
20:30			전화 / 문자 📞
21:00			인터넷 / SNS 💻
21:30	Awesome Night		진로 ✈
22:00			휴식 🍵
22:30			**개선할 시간**
23:00			**하루 평가**　☺ ☹ 😎 😣 😄
23:30			**오늘의 다짐**

52. S.W.E.E.T Daily Schedule

D -   20 년   월   일   요일

□ A타입 : 7시간 30분 수면   □ B타입 : 6시간 수면   □ C타입 : 4시간 30분 수면

TIME	Awesome Daily	Action	CHK LIST
24:00	Awesome		□
01:00	Night		□
02:00			□
03:00			□
04:00			□
05:00			□
05:30			□
06:00			□
06:30	Awesome		□
07:00	Morning		□
07:30			□
08:00			오늘의 끄적임
08:30			
09:00			♥ 나에게 사랑주기
09:30			오늘 난 해
10:00	Awesome 1		
10:30			
11:00			
11:30			
12:00			
12:30			
13:00			
13:30			
14:00			
14:30			
15:00			
15:30			
16:00			
16:30			
17:00			
17:30	Awesome 2		Time spend a day
18:00			숙면 🌙	
18:30			운동 🏋	
19:00			쓰기 ✍	
19:30			읽기 📖	
20:00			마음주문 ✝	
20:30			전화 / 문자 📞	
21:00			인터넷 / SNS 💻	
21:30	Awesome		진로 ✈	
22:00	Night		휴식 🛋	
22:30			개선할 시간	
23:00			하루 평가 ☺ ☹ 😋 😣 😄
23:30			오늘의 다짐	

53. S.W.E.E.T Daily Schedule

D -   20 년   월   일   요일

☐ A타입 : 7시간 30분 수면   ☐ B타입 : 6시간 수면   ☐ C타입 : 4시간 30분 수면

TIME	Awesome Daily	Action	CHK LIST
24:00	Awesome Night		☐
01:00			☐
02:00			☐
03:00			☐
04:00			☐
05:00			☐
05:30			☐
06:00			☐
06:30	Awesome Morning		☐
07:00			☐
07:30			☐

오늘의 끄적임

♥ 나에게 사랑주기
   오늘 난   해

TIME	Awesome Daily	Action
08:00		
08:30		
09:00		
09:30		
10:00	Awesome 1	
10:30		
11:00		
11:30		
12:00		
12:30		
13:00		
13:30		
14:00		
14:30		
15:00		
15:30		
16:00		
16:30		
17:00		

TIME	Awesome Daily	Action	Time spend a day	
17:30	Awesome 2		숙면 🌙	
18:00			운동 🏋	
18:30			쓰기 ✍	
19:00			읽기 📖	
19:30			마음주문 ✝	
20:00			전화 / 문자 📞	
20:30			인터넷 / SNS 💻	
21:00			진로 ✈	
21:30	Awesome Night		휴식 ☕	
22:00			개선할 시간	
22:30				
23:00			하루 평가	☺ ☹ 😐 😣 😄
23:30			오늘의 다짐	

54. S.W.E.E.T Daily Schedule

D -   20 년   월   일   요일

☐ A타입 : 7시간 30분 수면   ☐ B타입 : 6시간 수면   ☐ C타입 : 4시간 30분 수면

TIME	Awesome Daily	Action	CHK LIST
24:00	Awesome		☐
01:00	Night		☐
02:00			☐
03:00			☐
04:00			☐
05:00			☐
05:30			☐
06:00			☐
06:30	Awesome		☐
07:00	Morning		☐
07:30			☐
08:00			**오늘의 끄적임**
08:30			
09:00			♥ 나에게 사랑주기
09:30			오늘 난 　　　 해
10:00	Awesome 1		
10:30			
11:00			
11:30			
12:00			
12:30			
13:00			
13:30			
14:00			
14:30			
15:00			
15:30			
16:00			
16:30			
17:00			
17:30	Awesome 2		**Time spend a day**
18:00			숙면 🌙	
18:30			운동 💪	
19:00			쓰기 ✍	
19:30			읽기 📖	
20:00			마음주문 ✝	
20:30			전화 / 문자 📞	
21:00			인터넷 / SNS 💻	
21:30	Awesome		진로 ✈	
22:00	Night		휴식 🛋	
22:30			개선할 시간	
23:00			하루 평가	☺ ☹ 😋 😣 😎
23:30			오늘의 다짐	

55. S.W.E.E.T Daily Schedule

D -   20 년 월 일 요일

☐ A타입 : 7시간 30분 수면   ☐ B타입 : 6시간 수면   ☐ C타입 : 4시간 30분 수면

TIME	Awesome Daily	Action	CHK LIST
24:00	Awesome Night		☐
01:00			☐
02:00			☐
03:00			☐
04:00			☐
05:00			☐
05:30			☐
06:00			☐
06:30	Awesome Morning		☐
07:00			☐
07:30			☐
08:00			오늘의 끄적임
08:30			♥ 나에게 사랑주기
09:00			오늘 난 해
09:30			
10:00	Awesome 1		
10:30			
11:00			
11:30			
12:00			
12:30			
13:00			
13:30			
14:00			
14:30			
15:00			
15:30			
16:00			
16:30			
17:00			
17:30	Awesome 2		Time spend a day
18:00			숙면 ☾
18:30			운동
19:00			쓰기
19:30			읽기
20:00			마음주문 ✝
20:30			전화 / 문자 ☎
21:00			인터넷 / SNS 💻
21:30	Awesome Night		진로 ✈
22:00			휴식
22:30			개선할 시간
23:00			하루 평가 ☺ ☹ 😎 😣 😐
23:30			오늘의 다짐

56. S.W.E.E.T Daily Schedule

D - 　　　20 년　월　일　요일

☐ A타입 : 7시간 30분 수면　☐ B타입 : 6시간 수면　☐ C타입 : 4시간 30분 수면

TIME	Awesome Daily	Action	CHK LIST	
24:00	Awesome		☐	
01:00	Night		☐	
02:00			☐	
03:00			☐	
04:00			☐	
05:00			☐	
05:30			☐	
06:00			☐	
06:30	Awesome		☐	
07:00	Morning		☐	
07:30			☐	
08:00			**오늘의 끄적임**	
08:30				
09:00			♥ 나에게 사랑주기	
09:30			오늘 난　　　해	
10:00	Awesome 1			
10:30				
11:00				
11:30				
12:00				
12:30				
13:00				
13:30				
14:00				
14:30				
15:00				
15:30				
16:00				
16:30				
17:00				
17:30	Awesome 2		**Time spend a day**	
18:00			숙면 🌙	
18:30			운동 💪	
19:00			쓰기 ✍	
19:30			읽기 📖	
20:00			마음주문 ✝	
20:30			전화 / 문자 📞	
21:00			인터넷 / SNS 💻	
21:30	Awesome		진로 ✈	
22:00	Night		휴식 ☕	
22:30			**개선할 시간**	
23:00			**하루 평가**	☺ ☹ 😋 😣 😄
23:30			**오늘의 다짐**	

S.W.E.E.T Weekly Feedback

♥ 한 주의 일상을 되돌아보는 코칭 질문 5가지
: 서로 질문과 경청, 공감을 진행해보면 더욱 유익하다.

Q1 한 주간 열정을 가졌던 점은 무엇이었고, 그것에 대해 채워진 욕구는 무엇인가?

Q2 한 주간 아쉬웠던 점은 무엇이었고, 그것에 대해 채우고 싶은 욕구는 무엇인가?

Q3 한 주간 동료에게 배려했던 점과 배려하지 못해 아쉬운 점은 무엇인가?

Q4 한 주간 가족에게 관심을 가진 점과 관심을 가지지 못해 아쉬운 점은 무엇인가?

Q5 한 주간 좌우명에 맞추어 몇 점으로 측정하는가?(10점)

Time spend a 7day / etc.	
숙면 ☾	
운동 🏋	
쓰기 ✍	
읽기 📖	
마음 주문 ✝	
전화/문자 📞	
인터넷 / SNS 💻	
진로 ✈	
휴식 🏖	
개선할 시간	
1주일 평가	☺ ☹ 😋 😣 😎
1주일 다짐	

♥ 한계를 넘는 1주일의 자유로운 노트 또는 이미지

S.W.E.E.T Monthly Feedback

20 년 월 '   '

●Motto :

날짜	20 년 월 일 ~ 일		
월 주제			
심리			
Motto 좌우명 (내부)			
Motto 좌우명(외부)	잘한 점		아쉬운 점
Relationship 관계	잘한 점		아쉬운 점
Reading 읽기	잘한 점		아쉬운 점
Write 쓰기	잘한 점		아쉬운 점
Sleep 운동 · 수면	잘한 점		아쉬운 점

우리가 바라는 모든 꿈은
계속할 용기만 있다면
모두 이루어집니다.

- 월트 디즈니

S.W.E.E.T Monthly Schedule

20 　년　 　월

♥ 꼭 기억해야만 하는 행사 및 일정 :

♥ 이번 달 스위트한 나를 위해 되뇌일 문구 :

Sun	Mon	Tue	Wed	Thu	Fri	Sat

S.W.E.E.T Monthly MRRWS Plan

20 년 월 '   '

● Motto :

날짜	20 년 월 일 ~ 일
월 주제	
심리	

Motto 좌우명 (내부)		
Motto 좌우명(외부)		
Relationship 관계		
Reading 읽기		
Write 쓰기		
Sleep 운동 · 수면		

57. S.W.E.E.T Daily Schedule

D -   20 년   월   일   요일

☐ A타입 : 7시간 30분 수면   ☐ B타입 : 6시간 수면   ☐ C타입 : 4시간 30분 수면

TIME	Awesome Daily	Action	CHK LIST
24:00	Awesome		☐
01:00	Night		☐
02:00			☐
03:00			☐
04:00			☐
05:00			☐
05:30			☐
06:00			☐
06:30	Awesome		☐
07:00	Morning		☐
07:30			☐
08:00			**오늘의 끄적임**
08:30			
09:00			♥ 나에게 사랑주기
09:30			오늘 난 해
10:00	Awesome 1		
10:30			
11:00			
11:30			
12:00			
12:30			
13:00			
13:30			
14:00			
14:30			
15:00			
15:30			
16:00			
16:30			
17:00			
17:30	Awesome 2		**Time spend a day**
18:00			숙면 🌙	
18:30			운동 🏃	
19:00			쓰기 ✍	
19:30			읽기 📖	
20:00			마음주문 ✝	
20:30			전화 / 문자 📞	
21:00			인터넷 / SNS 💻	
21:30	Awesome		진로 ✈	
22:00	Night		휴식 🛋	
22:30			개선할 시간	
23:00			하루 평가	😊😞😄😣😋
23:30			오늘의 다짐	

58. S.W.E.E.T Daily Schedule

D -   20 년   월   일   요일

☐ A타입 : 7시간 30분 수면   ☐ B타입 : 6시간 수면   ☐ C타입 : 4시간 30분 수면

TIME	Awesome Daily	Action	CHK LIST
24:00	Awesome		☐
01:00	Night		☐
02:00			☐
03:00			☐
04:00			☐
05:00			☐
05:30			☐
06:00			☐
06:30	Awesome		☐
07:00	Morning		☐
07:30			☐
08:00			오늘의 끄적임
08:30			♥ 나에게 사랑주기
09:00			오늘 난 해
09:30			
10:00	Awesome 1		
10:30			
11:00			
11:30			
12:00			
12:30			
13:00			
13:30			
14:00			
14:30			
15:00			
15:30			
16:00			
16:30			
17:00			
17:30	Awesome 2		Time spend a day
18:00			숙면 ☾
18:30			운동 🏃
19:00			쓰기 ✍
19:30			읽기 📖
20:00			마음주문 ✝
20:30			전화 / 문자 📞
21:00			인터넷 / SNS 💻
21:30	Awesome		진로 ✈
22:00	Night		휴식 🏖
22:30			개선할 시간
23:00			하루 평가 ☺ ☹ 😋 😣 😄
23:30			오늘의 다짐

59. S.W.E.E.T Daily Schedule

D –   20 년   월   일   요일

☐ A타입 : 7시간 30분 수면   ☐ B타입 : 6시간 수면   ☐ C타입 : 4시간 30분 수면

TIME	Awesome Daily	Action	CHK LIST	
24:00	Awesome		☐	
01:00	Night		☐	
02:00			☐	
03:00			☐	
04:00			☐	
05:00			☐	
05:30			☐	
06:00			☐	
06:30	Awesome		☐	
07:00	Morning		☐	
07:30			☐	
08:00			**오늘의 끄적임**	
08:30				
09:00			♥ 나에게 사랑주기	
09:30			오늘 난　　 해	
10:00	Awesome 1			
10:30				
11:00				
11:30				
12:00				
12:30				
13:00				
13:30				
14:00				
14:30				
15:00				
15:30				
16:00				
16:30				
17:00				
17:30	Awesome 2		**Time spend a day**	
18:00			숙면 🌙	
18:30			운동 🏋	
19:00			쓰기 ✍	
19:30			읽기 📖	
20:00			마음주문 ✝	
20:30			전화 / 문자 📞	
21:00			인터넷 / SNS 💻	
21:30	Awesome		진로 ✈	
22:00	Night		휴식 🏖	
22:30			**개선할 시간**	
23:00			**하루 평가**	☺ ☹ 😋 😣 😎
23:30			**오늘의 다짐**	

60. S.W.E.E.T Daily Schedule

D -   20 년   월   일   요일

☐ A타입 : 7시간 30분 수면   ☐ B타입 : 6시간 수면   ☐ C타입 : 4시간 30분 수면

TIME	Awesome Daily	Action	CHK LIST
24:00	Awesome Night		☐
01:00			☐
02:00			☐
03:00			☐
04:00			☐
05:00			☐
05:30			☐
06:00			☐
06:30	Awesome Morning		☐
07:00			☐
07:30			☐
08:00			**오늘의 끄적임**
08:30			♥ 나에게 사랑주기
09:00			오늘 난 해
09:30			
10:00	Awesome 1		
10:30			
11:00			
11:30			
12:00			
12:30			
13:00			
13:30			
14:00			
14:30			
15:00			
15:30			
16:00			
16:30			
17:00			
17:30	Awesome 2		**Time spend a day**
18:00			숙면 🌙
18:30			운동 🏃
19:00			쓰기 ✍
19:30			읽기 📖
20:00			마음주문 ✝
20:30			전화 / 문자 📞
21:00			인터넷 / SNS 💻
21:30	Awesome Night		진로 ✈
22:00			휴식 🏖
22:30			**개선할 시간**
23:00			**하루 평가** ☺ ☹ 😛 😣 😋
23:30			**오늘의 다짐**

61. S.W.E.E.T Daily Schedule

D -   　20 년 　월 　일 　요일

☐ A타입 : 7시간 30분 수면   ☐ B타입 : 6시간 수면   ☐ C타입 : 4시간 30분 수면

TIME	Awesome Daily	Action	CHK LIST	
24:00	Awesome		☐	
01:00	Night		☐	
02:00			☐	
03:00			☐	
04:00			☐	
05:00			☐	
05:30			☐	
06:00			☐	
06:30	Awesome		☐	
07:00	Morning		☐	
07:30			☐	
08:00			**오늘의 끄적임**	
08:30				
09:00			♥ 나에게 사랑주기	
09:30			오늘 난　　　해	
10:00	Awesome 1			
10:30				
11:00				
11:30				
12:00				
12:30				
13:00				
13:30				
14:00				
14:30				
15:00				
15:30				
16:00				
16:30				
17:00				
17:30	Awesome 2		**Time spend a day**	
18:00			숙면 🌙	
18:30			운동 🏋	
19:00			쓰기 ✍	
19:30			읽기 📖	
20:00			마음주문 ✝	
20:30			전화 / 문자 📞	
21:00			인터넷 / SNS 💻	
21:30	Awesome		진로 ✈	
22:00	Night		휴식 🛌	
22:30			**개선할 시간**	
23:00			**하루 평가**	☺ ☹ 😀 😧 😄
23:30			**오늘의 다짐**	

62. S.W.E.E.T Daily Schedule

D –   20 년   월   일   요일

☐ A타입 : 7시간 30분 수면   ☐ B타입 : 6시간 수면   ☐ C타입 : 4시간 30분 수면

TIME	Awesome Daily	Action	CHK LIST
24:00	Awesome Night		☐
01:00			☐
02:00			☐
03:00			☐
04:00			☐
05:00			☐
05:30			☐
06:00			☐
06:30	Awesome Morning		☐
07:00			☐
07:30			☐
08:00			**오늘의 끄적임**
08:30			
09:00			♥ 나에게 사랑주기
09:30			오늘 난 해
10:00	Awesome 1		
10:30			
11:00			
11:30			
12:00			
12:30			
13:00			
13:30			
14:00			
14:30			
15:00			
15:30			
16:00			
16:30			
17:00			
17:30	Awesome 2		**Time spend a day**
18:00			숙면 ☽
18:30			운동 🏃
19:00			쓰기 ✍
19:30			읽기 📖
20:00			마음주문 ✝
20:30			전화 / 문자 📞
21:00			인터넷 / SNS 💻
21:30	Awesome Night		진로 ✈
22:00			휴식 🛋
22:30			**개선할 시간**
23:00			**하루 평가** ☺ ☹ 😋 😣 😊
23:30			**오늘의 다짐**

63. S.W.E.E.T Daily Schedule

D -   20 년   월   일   요일

☐ A타입 : 7시간 30분 수면   ☐ B타입 : 6시간 수면   ☐ C타입 : 4시간 30분 수면

TIME	Awesome Daily	Action	CHK LIST
24:00	Awesome Night		☐
01:00			☐
02:00			☐
03:00			☐
04:00			☐
05:00			☐
05:30			☐
06:00			☐
06:30	Awesome Morning		☐
07:00			☐
07:30			☐

오늘의 끄적임

♥ 나에게 사랑주기
　오늘 난　　　해

TIME	Awesome Daily	Action
08:00		
08:30		
09:00		
09:30		
10:00	Awesome 1	
10:30		
11:00		
11:30		
12:00		
12:30		
13:00		
13:30		
14:00		
14:30		
15:00		
15:30		
16:00		
16:30		
17:00		

Time spend a day

TIME	Awesome Daily	Action		
17:30	Awesome 2		숙면 🌙	
18:00			운동 🏋	
18:30			쓰기 ✍	
19:00			읽기 📖	
19:30			마음주문 ✝	
20:00			전화 / 문자 📞	
20:30			인터넷 / SNS 💻	
21:00				
21:30	Awesome Night		진로 ✈	
22:00			휴식 🛋	
22:30			개선할 시간	
23:00			하루 평가	😊😒😄😣😃
23:30			오늘의 다짐	

S.W.E.E.T Weekly Feedback

♥ 한 주의 일상을 되돌아보는 코칭 질문 5가지
: 서로 질문과 경청, 공감을 진행해보면 더욱 유익하다.

Q1 한 주간 열정을 가졌던 점은 무엇이었고, 그것에 대해 채워진 욕구는 무엇인가?

Q2 한 주간 아쉬웠던 점은 무엇이었고, 그것에 대해 채우고 싶은 욕구는 무엇인가?

Q3 한 주간 동료에게 배려했던 점과 배려하지 못해 아쉬운 점은 무엇인가?

Q4 한 주간 가족에게 관심을 가진 점과 관심을 가지지 못해 아쉬운 점은 무엇인가?

Q5 한 주간 좌우명에 맞추어 몇 점으로 측정하는가?(10점)

Time spend a 7day / etc.	
숙면 ☾	
운동 🦴	
쓰기 ✍	
읽기 📖	
마음 주문 ✝	
전화/문자 📞	
인터넷 / SNS 💻	
진로 ✈	
휴식 🏖	
개선할 시간	
1주일 평가	☺ ☹ 😃 😩 😋
1주일 다짐	

♥ 한계를 넘는 1주일의 자유로운 노트 또는 이미지

64. S.W.E.E.T Daily Schedule

D -   20 년   월   일   요일

☐ A타입 : 7시간 30분 수면   ☐ B타입 : 6시간 수면   ☐ C타입 : 4시간 30분 수면

TIME	Awesome Daily	Action	CHK LIST	
24:00	Awesome Night		☐	
01:00			☐	
02:00			☐	
03:00			☐	
04:00			☐	
05:00			☐	
05:30			☐	
06:00			☐	
06:30	Awesome Morning		☐	
07:00			☐	
07:30			☐	
08:00			**오늘의 끄적임**	
08:30				
09:00			♥ 나에게 사랑주기	
09:30			오늘 난 해	
10:00	Awesome 1			
10:30				
11:00				
11:30				
12:00				
12:30				
13:00				
13:30				
14:00				
14:30				
15:00				
15:30				
16:00				
16:30				
17:00				
17:30	Awesome 2		**Time spend a day**	
18:00			숙면 ☾	
18:30			운동 ⚑	
19:00			쓰기 ✍	
19:30			읽기 📖	
20:00			마음주문 ✝	
20:30			전화 / 문자 ☎	
21:00			인터넷 / SNS 💻	
21:30	Awesome Night		진로 ✈	
22:00			휴식 ☕	
22:30			**개선할 시간**	
23:00			**하루 평가**	☺ ☹ 😛 😣 😎
23:30			**오늘의 다짐**	

65. S.W.E.E.T Daily Schedule

D - 　　　20 년 　월 　일 　요일

☐ A타입 : 7시간 30분 수면　☐ B타입 : 6시간 수면　☐ C타입 : 4시간 30분 수면

TIME	Awesome Daily	Action	CHK LIST
24:00	Awesome		☐
01:00	Night		☐
02:00			☐
03:00			☐
04:00			☐
05:00			☐
05:30			☐
06:00			☐
06:30	Awesome		☐
07:00	Morning		☐
07:30			☐
08:00			**오늘의 끄적임**
08:30			
09:00			♥ 나에게 사랑주기
09:30			오늘 난 　　 해
10:00	Awesome 1		
10:30			
11:00			
11:30			
12:00			
12:30			
13:00			
13:30			
14:00			
14:30			
15:00			
15:30			
16:00			
16:30			
17:00			
17:30	Awesome 2		**Time spend a day**
18:00			숙면 🌙
18:30			운동 🏃
19:00			쓰기 ✍
19:30			읽기 📖
20:00			마음주문 ✝
20:30			전화 / 문자 📞
21:00			인터넷 / SNS 💻
21:30	Awesome		진로 ✈
22:00	Night		휴식 🛌
22:30			**개선할 시간**
23:00			**하루 평가**　☺☹😋😣😎
23:30			**오늘의 다짐**

66. S.W.E.E.T Daily Schedule

D –   20 년   월   일   요일

☐ A타입 : 7시간 30분 수면   ☐ B타입 : 6시간 수면   ☐ C타입 : 4시간 30분 수면

TIME	Awesome Daily	Action	CHK LIST
24:00	Awesome		☐
01:00	Night		☐
02:00			☐
03:00			☐
04:00			☐
05:00			☐
05:30			☐
06:00			☐
06:30	Awesome		☐
07:00	Morning		☐
07:30			☐
08:00			**오늘의 끄적임**
08:30			
09:00			♥ 나에게 사랑주기
09:30			오늘 난 해
10:00	Awesome 1		
10:30			
11:00			
11:30			
12:00			
12:30			
13:00			
13:30			
14:00			
14:30			
15:00			
15:30			
16:00			
16:30			
17:00			
17:30	Awesome 2		**Time spend a day**
18:00			숙면 🌙	
18:30			운동 🏃	
19:00			쓰기 ✍	
19:30			읽기 📖	
20:00			마음주문 ✝	
20:30			전화 / 문자 📞	
21:00			인터넷 / SNS 💻	
21:30	Awesome		진로 ✈	
22:00	Night		휴식 ☕	
22:30			개선할 시간	
23:00			하루 평가	☺ ☹ 😋 😵 😎
23:30			오늘의 다짐	

67. S.W.E.E.T Daily Schedule

D – 　　　20 년　월　일　요일

☐ A타입 : 7시간 30분 수면　　☐ B타입 : 6시간 수면　　☐ C타입 : 4시간 30분 수면

TIME	Awesome Daily	Action	CHK LIST
24:00	Awesome Night		☐
01:00			☐
02:00			☐
03:00			☐
04:00			☐
05:00			☐
05:30			☐
06:00			☐
06:30	Awesome Morning		☐
07:00			☐
07:30			☐
08:00			**오늘의 끄적임**
08:30			♥ 나에게 사랑주기
09:00			오늘 난　　해
09:30			
10:00	Awesome 1		
10:30			
11:00			
11:30			
12:00			
12:30			
13:00			
13:30			
14:00			
14:30			
15:00			
15:30			
16:00			
16:30			
17:00			
17:30	Awesome 2		**Time spend a day**
18:00			숙면 🌙	
18:30			운동 🏋	
19:00			쓰기 ✍	
19:30			읽기 📖	
20:00			마음주문 ✝	
20:30			전화 / 문자 📞	
21:00			인터넷 / SNS 💻	
21:30	Awesome Night		진로 ✈	
22:00			휴식 🏖	
22:30			**개선할 시간**	
23:00			**하루 평가**	☺ ☹ 😋 😣 😊
23:30			**오늘의 다짐**	

68. S.W.E.E.T Daily Schedule

D -   20 년   월   일   요일

☐ A타입 : 7시간 30분 수면   ☐ B타입 : 6시간 수면   ☐ C타입 : 4시간 30분 수면

TIME	Awesome Daily	Action	CHK LIST
24:00	Awesome		☐
01:00	Night		☐
02:00			☐
03:00			☐
04:00			☐
05:00			☐
05:30			☐
06:00			☐
06:30	Awesome		☐
07:00	Morning		☐
07:30			☐
08:00			**오늘의 끄적임**
08:30			♥ 나에게 사랑주기
09:00			오늘 난 해
09:30			
10:00	Awesome 1		
10:30			
11:00			
11:30			
12:00			
12:30			
13:00			
13:30			
14:00			
14:30			
15:00			
15:30			
16:00			
16:30			
17:00			
17:30	Awesome 2		**Time spend a day**
18:00			숙면 🌙	
18:30			운동 💪	
19:00			쓰기 ✍	
19:30			읽기 📖	
20:00			마음주문 ✝	
20:30			전화 / 문자 📞	
21:00			인터넷 / SNS 💻	
21:30	Awesome		진로 ✈	
22:00	Night		휴식 🏖	
22:30			**개선할 시간**	
23:00			**하루 평가**	☺ ☹ 😋 😣 😊
23:30			**오늘의 다짐**	

69. S.W.E.E.T Daily Schedule

D –   20 년   월   일   요일

☐ A타입 : 7시간 30분 수면   ☐ B타입 : 6시간 수면   ☐ C타입 : 4시간 30분 수면

TIME	Awesome Daily	Action	CHK LIST
24:00	Awesome Night		☐
01:00			☐
02:00			☐
03:00			☐
04:00			☐
05:00			☐
05:30			☐
06:00			☐
06:30	Awesome Morning		☐
07:00			☐
07:30			☐
08:00			**오늘의 끄적임**
08:30			♥ 나에게 사랑주기
09:00			오늘 난 해
09:30			
10:00	Awesome 1		
10:30			
11:00			
11:30			
12:00			
12:30			
13:00			
13:30			
14:00			
14:30			
15:00			
15:30			
16:00			
16:30			
17:00			
17:30	Awesome 2		**Time spend a day**
18:00			숙면 ☾
18:30			운동 ⚑
19:00			쓰기 ✎
19:30			읽기 📖
20:00			마음주문 ✝
20:30			전화 / 문자 📞
21:00			인터넷 / SNS 💻
21:30	Awesome Night		진로 ✈
22:00			휴식 🛌
22:30			**개선할 시간**
23:00			**하루 평가** ☺ ☹ 😊 😣 😄
23:30			**오늘의 다짐**

70. S.W.E.E.T Daily Schedule

D −   20 년   월   일   요일

☐ A타입 : 7시간 30분 수면   ☐ B타입 : 6시간 수면   ☐ C타입 : 4시간 30분 수면

TIME	Awesome Daily	Action	CHK LIST
24:00	Awesome Night		☐
01:00			☐
02:00			☐
03:00			☐
04:00			☐
05:00			☐
05:30			☐
06:00			☐
06:30	Awesome Morning		☐
07:00			☐
07:30			☐
08:00			**오늘의 끄적임**
08:30			
09:00			♥ 나에게 사랑주기
09:30			오늘 난 해
10:00	Awesome 1		
10:30			
11:00			
11:30			
12:00			
12:30			
13:00			
13:30			
14:00			
14:30			
15:00			
15:30			
16:00			
16:30			
17:00			
17:30	Awesome 2		**Time spend a day**
18:00			숙면 ☾	
18:30			운동 🏋	
19:00			쓰기 ✍	
19:30			읽기 📖	
20:00			마음주문 ✝	
20:30			전화 / 문자 📞	
21:00			인터넷 / SNS 💻	
21:30	Awesome Night		진로 ✈	
22:00			휴식 🛌	
22:30			**개선할 시간**	
23:00			**하루 평가** ☺☹😄☹☺
23:30			**오늘의 다짐**

S.W.E.E.T Weekly Feedback

♥ **한 주의 일상을 되돌아보는 코칭 질문 5가지**
: 서로 질문과 경청, 공감을 진행해보면 더욱 유익하다.

Q1 한 주간 열정을 가졌던 점은 무엇이었고, 그것에 대해 채워진 욕구는 무엇인가?

Q2 한 주간 아쉬웠던 점은 무엇이었고, 그것에 대해 채우고 싶은 욕구는 무엇인가?

Q3 한 주간 동료에게 배려했던 점과 배려하지 못해 아쉬운 점은 무엇인가?

Q4 한 주간 가족에게 관심을 가진 점과 관심을 가지지 못해 아쉬운 점은 무엇인가?

Q5 한 주간 좌우명에 맞추어 몇 점으로 측정하는가?(10점)

Time spend a 7day / etc.	
숙면 🌙	
운동 🦴	
쓰기 ✍	
읽기 📖	
마음 주문 ✝	
전화/문자 📞	
인터넷 / SNS 💻	
진로 ✈	
휴식 🏖	
개선할 시간	
1주일 평가	☺ ☹ 😋 😣 😄
1주일 다짐	

♥ **한계를 넘는 1주일의 자유로운 노트 또는 이미지**

71. S.W.E.E.T Daily Schedule

D -   20 년   월   일   요일

☐ A타입 : 7시간 30분 수면   ☐ B타입 : 6시간 수면   ☐ C타입 : 4시간 30분 수면

TIME	Awesome Daily	Action	CHK LIST
24:00	Awesome Night		☐
01:00			☐
02:00			☐
03:00			☐
04:00			☐
05:00			☐
05:30			☐
06:00			☐
06:30	Awesome Morning		☐
07:00			☐
07:30			☐
08:00			**오늘의 끄적임**
08:30			♥ 나에게 사랑주기
09:00			오늘 난 해
09:30			
10:00	Awesome 1		
10:30			
11:00			
11:30			
12:00			
12:30			
13:00			
13:30			
14:00			
14:30			
15:00			
15:30			
16:00			
16:30			
17:00			
17:30	Awesome 2		**Time spend a day**
18:00			숙면 🌙	
18:30			운동 💪	
19:00			쓰기 ✍	
19:30			읽기 📖	
20:00			마음주문 ✝	
20:30			전화 / 문자 📞	
21:00			인터넷 / SNS 💻	
21:30	Awesome Night		진로 ✈	
22:00			휴식 🏖	
22:30			**개선할 시간**	
23:00			**하루 평가**	☺ ☹ 😋 😣 😎
23:30			**오늘의 다짐**	

72. S.W.E.E.T Daily Schedule

D –   20 년   월   일   요일

☐ A타입 : 7시간 30분 수면   ☐ B타입 : 6시간 수면   ☐ C타입 : 4시간 30분 수면

TIME	Awesome Daily	Action	CHK LIST
24:00	Awesome		☐
01:00	Night		☐
02:00			☐
03:00			☐
04:00			☐
05:00			☐
05:30			☐
06:00			☐
06:30	Awesome		☐
07:00	Morning		☐
07:30			☐
08:00			**오늘의 끄적임**
08:30			♥ 나에게 사랑주기
09:00			오늘 난 해
09:30			
10:00	Awesome 1		
10:30			
11:00			
11:30			
12:00			
12:30			
13:00			
13:30			
14:00			
14:30			
15:00			
15:30			
16:00			
16:30			
17:00			
17:30	Awesome 2		**Time spend a day**
18:00			숙면 ☾	
18:30			운동 🦵	
19:00			쓰기 ✍	
19:30			읽기 📖	
20:00			마음주문 ✝	
20:30			전화 / 문자 📞	
21:00			인터넷 / SNS 💻	
21:30	Awesome		진로 ✈	
22:00	Night		휴식 🛋	
22:30			**개선할 시간**
23:00			**하루 평가** ☺ ☹ 😎 😣 😋
23:30			**오늘의 다짐**

73. S.W.E.T Daily Schedule

D -   20 년   월   일   요일

□ A타입 : 7시간 30분 수면   □ B타입 : 6시간 수면   □ C타입 : 4시간 30분 수면

TIME	Awesome Daily	Action	CHK LIST
24:00	Awesome Night		□
01:00			□
02:00			□
03:00			□
04:00			□
05:00			□
05:30			□
06:00			□
06:30	Awesome Morning		□
07:00			□
07:30			□
08:00			**오늘의 끄적임**
08:30			
09:00			♥ 나에게 사랑주기
09:30			오늘 난 해
10:00	Awesome 1		
10:30			
11:00			
11:30			
12:00			
12:30			
13:00			
13:30			
14:00			
14:30			
15:00			
15:30			
16:00			
16:30			
17:00			

TIME	Awesome Daily	Action	Time spend a day	
17:30	Awesome 2		**Time spend a day**	
18:00			숙면 🌙	
18:30			운동 🏋	
19:00			쓰기 ✍	
19:30			읽기 📖	
20:00			마음주문 ✝	
20:30			전화 / 문자 📞	
21:00			인터넷 / SNS 💻	
21:30	Awesome Night		진로 ✈	
22:00			휴식 🛌	
22:30			**개선할 시간**	
23:00			**하루 평가**	☺ ☹ 😋 😣 😎
23:30			**오늘의 다짐**	

74. S.W.E.E.T Daily Schedule

D - 　　20 년　　월　　일　　요일

☐ A타입 : 7시간 30분 수면　☐ B타입 : 6시간 수면　☐ C타입 : 4시간 30분 수면

TIME	Awesome Daily	Action	CHK LIST
24:00	Awesome		☐
01:00	Night		☐
02:00			☐
03:00			☐
04:00			☐
05:00			☐
05:30			☐
06:00			☐
06:30	Awesome		☐
07:00	Morning		☐
07:30			☐
08:00			**오늘의 끄적임**
08:30			♥ 나에게 사랑주기
09:00			오늘 난　　　해
09:30			
10:00	Awesome 1		
10:30			
11:00			
11:30			
12:00			
12:30			
13:00			
13:30			
14:00			
14:30			
15:00			
15:30			
16:00			
16:30			
17:00			
17:30	Awesome 2		**Time spend a day**
18:00			숙면 🌙
18:30			운동 🏋
19:00			쓰기 ✍
19:30			읽기 📖
20:00			마음주문 ✝
20:30			전화 / 문자 📞
21:00			인터넷 / SNS 💻
21:30	Awesome		진로 ✈
22:00	Night		휴식 🛌
22:30			**개선할 시간**
23:00			**하루 평가**　😊 😖 😋 😣 😄
23:30			**오늘의 다짐**

75. S.W.E.E.T Daily Schedule

D –   20 년   월   일   요일

□ A타입 : 7시간 30분 수면   □ B타입 : 6시간 수면   □ C타입 : 4시간 30분 수면

TIME	Awesome Daily	Action	CHK LIST	
24:00	Awesome Night		□	
01:00			□	
02:00			□	
03:00			□	
04:00			□	
05:00			□	
05:30			□	
06:00			□	
06:30	Awesome Morning		□	
07:00			□	
07:30			□	
08:00			**오늘의 끄적임**	
08:30				
09:00			♥ 나에게 사랑주기	
09:30			오늘 난 해	
10:00	Awesome 1			
10:30				
11:00				
11:30				
12:00				
12:30				
13:00				
13:30				
14:00				
14:30				
15:00				
15:30				
16:00				
16:30				
17:00				
17:30	Awesome 2		**Time spend a day**	
18:00			숙면 ☾	
18:30			운동 🏋	
19:00			쓰기 ✍	
19:30			읽기 📖	
20:00			마음주문 ✝	
20:30			전화 / 문자 📞	
21:00			인터넷 / SNS 💻	
21:30	Awesome Night		진로 ✈	
22:00			휴식 🏖	
22:30			**개선할 시간**	
23:00			**하루 평가**	☺ ☹ 😊 😣 😋
23:30			**오늘의 다짐**	

76. S.W.E.E.T Daily Schedule

D -   20 년   월   일   요일

☐ A타입 : 7시간 30분 수면   ☐ B타입 : 6시간 수면   ☐ C타입 : 4시간 30분 수면

TIME	Awesome Daily	Action	CHK LIST
24:00	Awesome Night		☐
01:00			☐
02:00			☐
03:00			☐
04:00			☐
05:00			☐
05:30			☐
06:00			☐
06:30	Awesome Morning		☐
07:00			☐
07:30			☐
08:00			**오늘의 끄적임**
08:30			♥ 나에게 사랑주기
09:00			오늘 난 해
09:30			
10:00	Awesome 1		
10:30			
11:00			
11:30			
12:00			
12:30			
13:00			
13:30			
14:00			
14:30			
15:00			
15:30			
16:00			
16:30			
17:00			

TIME	Awesome Daily	Action	Time spend a day	
17:30	Awesome 2		숙면 🌙	
18:00			운동 💪	
18:30			쓰기 ✍	
19:00			읽기 📖	
19:30			마음주문 ✝	
20:00			전화 / 문자 📞	
20:30			인터넷 / SNS 💻	
21:00			진로 ✈	
21:30	Awesome Night		휴식 🍵	
22:00			**개선할 시간**	
22:30			**하루 평가**	☺ ☹ 😑 😣 😄
23:00			**오늘의 다짐**	
23:30				

77. S.W.E.T Daily Schedule

D −   20 년   월   일   요일

□ A타입 : 7시간 30분 수면   □ B타입 : 6시간 수면   □ C타입 : 4시간 30분 수면

TIME	Awesome Daily	Action	CHK LIST
24:00	Awesome Night		□
01:00			□
02:00			□
03:00			□
04:00			□
05:00			□
05:30			□
06:00			□
06:30	Awesome Morning		□
07:00			□
07:30			□
08:00			**오늘의 끄적임**
08:30			
09:00			♥ 나에게 사랑주기
09:30			오늘 난 해
10:00	Awesome 1		
10:30			
11:00			
11:30			
12:00			
12:30			
13:00			
13:30			
14:00			
14:30			
15:00			
15:30			
16:00			
16:30			
17:00			
17:30	Awesome 2		**Time spend a day**
18:00			숙면 🌙	
18:30			운동 🏋	
19:00			쓰기 ✍	
19:30			읽기 📖	
20:00			마음주문 ✝	
20:30			전화 / 문자 📞	
21:00			인터넷 / SNS 💻	
21:30	Awesome Night		진로 ⚓	
22:00			휴식 🛌	
22:30			**개선할 시간**	
23:00			**하루 평가**	☺ ☹ 😋 😣 😄
23:30			**오늘의 다짐**	

S.W.E.E.T Weekly Feedback

♥ **한 주의 일상을 되돌아보는 코칭 질문 5가지**
: 서로 질문과 경청, 공감을 진행해보면 더욱 유익하다.

Q1 한 주간 열정을 가졌던 점은 무엇이었고, 그것에 대해 채워진 욕구는 무엇인가?

Q2 한 주간 아쉬웠던 점은 무엇이었고, 그것에 대해 채우고 싶은 욕구는 무엇인가?

Q3 한 주간 동료에게 배려했던 점과 배려하지 못해 아쉬운 점은 무엇인가?

Q4 한 주간 가족에게 관심을 가진 점과 관심을 가지지 못해 아쉬운 점은 무엇인가?

Q5 한 주간 좌우명에 맞추어 몇 점으로 측정하는가?(10점)

Time spend a 7day / etc.	
숙면 ☾	
운동 ☞	
쓰기 ✍	
읽기 📖	
마음 주문 ✝	
전화/문자 📞	
인터넷 / SNS 💻	
진로 ⬦	
휴식 ☕	
개선할 시간	
1주일 평가	☺ ☹ 😋 😣 😄
1주일 다짐	

♥ **한계를 넘는 1주일의 자유로운 노트 또는 이미지**

78. S.W.E.E.T Daily Schedule

D - 　　　　20 년 　월 　일 　요일

☐ A타입 : 7시간 30분 수면　　☐ B타입 : 6시간 수면　　☐ C타입 : 4시간 30분 수면

TIME	Awesome Daily	Action	CHK LIST
24:00	Awesome		☐
01:00	Night		☐
02:00			☐
03:00			☐
04:00			☐
05:00			☐
05:30			☐
06:00			☐
06:30	Awesome		☐
07:00	Morning		☐
07:30			☐
08:00			**오늘의 끄적임**
08:30			
09:00			♥ 나에게 사랑주기
09:30			오늘 난 　　해
10:00	Awesome 1		
10:30			
11:00			
11:30			
12:00			
12:30			
13:00			
13:30			
14:00			
14:30			
15:00			
15:30			
16:00			
16:30			
17:00			
17:30	Awesome 2		**Time spend a day**
18:00			숙면 🌙	
18:30			운동 🏃	
19:00			쓰기 ✍	
19:30			읽기 📖	
20:00			마음주문 ✝	
20:30			전화 / 문자 📞	
21:00			인터넷 / SNS 💻	
21:30	Awesome		진로 ✈	
22:00	Night		휴식 🏖	
22:30			**개선할 시간**	
23:00			**하루 평가**	☺ ☹ 😋 😣 😎
23:30			**오늘의 다짐**	

79. S.W.E.E.T Daily Schedule

D - 　　　20 년　　월　　일　　요일

☐ A타입 : 7시간 30분 수면　　☐ B타입 : 6시간 수면　　☐ C타입 : 4시간 30분 수면

TIME	Awesome Daily	Action	CHK LIST
24:00	Awesome		☐
01:00	Night		☐
02:00			☐
03:00			☐
04:00			☐
05:00			☐
05:30			☐
06:00			☐
06:30	Awesome		☐
07:00	Morning		☐
07:30			☐
08:00			**오늘의 끄적임**
08:30			
09:00			♥ 나에게 사랑주기
09:30			오늘 난　　　해
10:00	Awesome 1		
10:30			
11:00			
11:30			
12:00			
12:30			
13:00			
13:30			
14:00			
14:30			
15:00			
15:30			
16:00			
16:30			
17:00			
17:30	Awesome 2		**Time spend a day**
18:00			숙면 ☾
18:30			운동 🏃
19:00			쓰기 ✍
19:30			읽기 📖
20:00			마음주문 ✝
20:30			전화 / 문자 📞
21:00			인터넷 / SNS 💻
21:30	Awesome		진로 ✈
22:00	Night		휴식 🛋
22:30			**개선할 시간**
23:00			**하루 평가**　☺ ☹ 😎 😣 😋
23:30			**오늘의 다짐**

80. S.W.E.E.T Daily Schedule

D -   20 년   월   일   요일

☐ A타입 : 7시간 30분 수면   ☐ B타입 : 6시간 수면   ☐ C타입 : 4시간 30분 수면

TIME	Awesome Daily	Action	CHK LIST
24:00	Awesome Night		☐
01:00			☐
02:00			☐
03:00			☐
04:00			☐
05:00			☐
05:30			☐
06:00			☐
06:30	Awesome Morning		☐
07:00			☐
07:30			☐
08:00			**오늘의 끄적임**
08:30			
09:00			♥ 나에게 사랑주기
09:30			오늘 난 해
10:00	Awesome 1		
10:30			
11:00			
11:30			
12:00			
12:30			
13:00			
13:30			
14:00			
14:30			
15:00			
15:30			
16:00			
16:30			
17:00			
17:30	Awesome 2		**Time spend a day**
18:00			숙면 🌙
18:30			운동 🏋
19:00			쓰기 ✍
19:30			읽기 📖
20:00			마음주문 ✝
20:30			전화 / 문자 📞
21:00			인터넷 / SNS 💻
21:30	Awesome Night		진로 ✈
22:00			휴식 ☕
22:30			**개선할 시간**
23:00			**하루 평가** 😊😒😄😣😆
23:30			**오늘의 다짐**

81. S.W.E.E.T Daily Schedule

D - 　　　20 년 　월 　일 　요일

☐ A타입 : 7시간 30분 수면　☐ B타입 : 6시간 수면　☐ C타입 : 4시간 30분 수면

TIME	Awesome Daily	Action	CHK LIST
24:00	Awesome		☐
01:00	Night		☐
02:00			☐
03:00			☐
04:00			☐
05:00			☐
05:30			☐
06:00			☐
06:30	Awesome		☐
07:00	Morning		☐
07:30			☐
08:00			**오늘의 끄적임**
08:30			♥ 나에게 사랑주기
09:00			오늘 난　　　　해
09:30			
10:00	Awesome 1		
10:30			
11:00			
11:30			
12:00			
12:30			
13:00			
13:30			
14:00			
14:30			
15:00			
15:30			
16:00			
16:30			
17:00			
17:30	Awesome 2		**Time spend a day**
18:00			숙면 🌙	
18:30			운동 💪	
19:00			쓰기 ✍	
19:30			읽기 📖	
20:00			마음주문 ✝	
20:30			전화 / 문자 📞	
21:00			인터넷 / SNS 💻	
21:30	Awesome		진로 ✈	
22:00	Night		휴식 ☕	
22:30			**개선할 시간**	
23:00			**하루 평가** 😊😒😋😣😆
23:30			**오늘의 다짐**

82. S.W.E.E.T Daily Schedule

D -   20 년   월   일   요일

☐ A타입 : 7시간 30분 수면   ☐ B타입 : 6시간 수면   ☐ C타입 : 4시간 30분 수면

TIME	Awesome Daily	Action	CHK LIST
24:00	Awesome Night		☐
01:00			☐
02:00			☐
03:00			☐
04:00			☐
05:00			☐
05:30			☐
06:00			☐
06:30	Awesome Morning		☐
07:00			☐
07:30			☐
08:00			**오늘의 끄적임**
08:30			
09:00			♥ 나에게 사랑주기
09:30			오늘 난　　　 해
10:00	Awesome 1		
10:30			
11:00			
11:30			
12:00			
12:30			
13:00			
13:30			
14:00			
14:30			
15:00			
15:30			
16:00			
16:30			
17:00			
17:30	Awesome 2		**Time spend a day**
18:00			숙면 ☾
18:30			운동 ⤙
19:00			쓰기 ✒
19:30			읽기 📖
20:00			마음주문 ✝
20:30			전화 / 문자 📞
21:00			인터넷 / SNS 💻
21:30	Awesome Night		진로 ⚓
22:00			휴식 ⛱
22:30			**개선할 시간**
23:00			**하루 평가** ☺ ☹ 😎 😣 😋
23:30			**오늘의 다짐**

83. S.W.E.E.T Daily Schedule

D -   20 년   월   일   요일

☐ A타입 : 7시간 30분 수면   ☐ B타입 : 6시간 수면   ☐ C타입 : 4시간 30분 수면

TIME	Awesome Daily	Action	CHK LIST
24:00	Awesome Night		☐
01:00			☐
02:00			☐
03:00			☐
04:00			☐
05:00			☐
05:30			☐
06:00			☐
06:30	Awesome Morning		☐
07:00			☐
07:30			☐
08:00			**오늘의 끄적임**
08:30			
09:00			♥ 나에게 사랑주기
09:30			오늘 난 해
10:00	Awesome 1		
10:30			
11:00			
11:30			
12:00			
12:30			
13:00			
13:30			
14:00			
14:30			
15:00			
15:30			
16:00			
16:30			
17:00			
17:30	Awesome 2		**Time spend a day**
18:00			숙면 🌙	
18:30			운동 🏃	
19:00			쓰기 ✍	
19:30			읽기 📖	
20:00			마음주문 ✝	
20:30			전화 / 문자 📞	
21:00			인터넷 / SNS 💻	
21:30	Awesome Night		진로 ✈	
22:00			휴식 🛋	
22:30			**개선할 시간**
23:00			**하루 평가** ☺ ☹ 😊 😣 😄
23:30			**오늘의 다짐**

84. S.W.E.E.T Daily Schedule

D -   20 년   월   일   요일

☐ A타입 : 7시간 30분 수면   ☐ B타입 : 6시간 수면   ☐ C타입 : 4시간 30분 수면

TIME	Awesome Daily	Action	CHK LIST
24:00	Awesome Night		☐
01:00			☐
02:00			☐
03:00			☐
04:00			☐
05:00			☐
05:30			☐
06:00			☐
06:30	Awesome Morning		☐
07:00			☐
07:30			☐
08:00			오늘의 끄적임
08:30			
09:00			♥ 나에게 사랑주기
09:30			오늘 난 해
10:00	Awesome 1		
10:30			
11:00			
11:30			
12:00			
12:30			
13:00			
13:30			
14:00			
14:30			
15:00			
15:30			
16:00			
16:30			
17:00			
17:30	Awesome 2		Time spend a day
18:00			숙면 🌙
18:30			운동 🏃
19:00			쓰기 ✍
19:30			읽기 📖
20:00			마음주문 †
20:30			전화 / 문자 📞
21:00			인터넷 / SNS 💻
21:30	Awesome Night		진로 ✈
22:00			휴식 ☕
22:30			개선할 시간
23:00			하루 평가 ☺ ☹ 😀 😣 😊
23:30			오늘의 다짐

S.W.E.E.T Weekly Feedback

♥ **한 주의 일상을 되돌아보는 코칭 질문 5가지**
: 서로 질문과 경청, 공감을 진행해보면 더욱 유익하다.

Q1 한 주간 열정을 가졌던 점은 무엇이었고, 그것에 대해 채워진 욕구는 무엇인가?

Q2 한 주간 아쉬웠던 점은 무엇이었고, 그것에 대해 채우고 싶은 욕구는 무엇인가?

Q3 한 주간 동료에게 배려했던 점과 배려하지 못해 아쉬운 점은 무엇인가?

Q4 한 주간 가족에게 관심을 가진 점과 관심을 가지지 못해 아쉬운 점은 무엇인가?

Q5 한 주간 좌우명에 맞추어 몇 점으로 측정하는가?(10점)

Time spend a 7day / etc.	
숙면 ☾	
운동 ⊶	
쓰기 ✍	
읽기 📖	
마음 주문 ✝	
전화/문자 ☏	
인터넷 / SNS 💻	
진로 ✈	
휴식 ⛱	
개선할 시간	
1주일 평가	☺ ☹ 😑 ☹ 😋
1주일 다짐	

♥ **한계를 넘는 1주일의 자유로운 노트 또는 이미지**

S.W.E.E.T Monthly Feedback

20 년 월 '   '

● Motto :

날짜	20 년 월 일 ~ 일	
월 주제		
심리		
Motto 좌우명 (내부)		
Motto 좌우명(외부)	잘한 점	아쉬운 점
Relationship 관계	잘한 점	아쉬운 점
Reading 읽기	잘한 점	아쉬운 점
Write 쓰기	잘한 점	아쉬운 점
Sleep 운동 · 수면	잘한 점	아쉬운 점

불가능이 무엇인가는 말하기 어렵다.
어제의 꿈은 오늘의 희망이며
내일의 현실이기 때문이다.

- 로버트 고다드

S.W.E.E.T Monthly Schedule

20　　년　　월

♥ 꼭 기억해야만 하는 행사 및 일정 :

♥ 이번 달 스위트한 나를 위해 되뇌일 문구 :

Sun	Mon	Tue	Wed	Thu	Fri	Sat

S.W.E.E.T Monthly MRRWS Plan

20 년 월 ‘   ’

● Motto :

날짜	20 년 월 일 ~ 일
월 주제	
심리	

Motto 좌우명 (내부)		
Motto 좌우명(외부)		
Relationship 관계		
Reading 읽기		
Write 쓰기		
Sleep 운동 · 수면		

85. S.W.E.E.T Daily Schedule

D –   20 년   월   일   요일

□ A타입 : 7시간 30분 수면   □ B타입 : 6시간 수면   □ C타입 : 4시간 30분 수면

TIME	Awesome Daily	Action	CHK LIST
24:00	Awesome Night		□
01:00			□
02:00			□
03:00			□
04:00			□
05:00			□
05:30			□
06:00			□
06:30	Awesome Morning		□
07:00			□
07:30			□
08:00			**오늘의 끄적임**
08:30			
09:00			♥ 나에게 사랑주기
09:30			오늘 난　　　해
10:00	Awesome 1		
10:30			
11:00			
11:30			
12:00			
12:30			
13:00			
13:30			
14:00			
14:30			
15:00			
15:30			
16:00			
16:30			
17:00			
17:30	Awesome 2		**Time spend a day**
18:00			숙면 ☾	
18:30			운동 ⚒	
19:00			쓰기 ✍	
19:30			읽기 📖	
20:00			마음주문 ✝	
20:30			전화 / 문자 ☎	
21:00			인터넷 / SNS 💻	
21:30	Awesome Night		진로 ✈	
22:00			휴식 ⛵	
22:30			**개선할 시간**	
23:00			**하루 평가**　☺ ☹ 😐 😣 😄
23:30			**오늘의 다짐**

86. S.W.E.E.T Daily Schedule

D -   20 년   월   일   요일

☐ A타입 : 7시간 30분 수면   ☐ B타입 : 6시간 수면   ☐ C타입 : 4시간 30분 수면

TIME	Awesome Daily	Action	CHK LIST
24:00	Awesome		☐
01:00	Night		☐
02:00			☐
03:00			☐
04:00			☐
05:00			☐
05:30			☐
06:00			☐
06:30	Awesome		☐
07:00	Morning		☐
07:30			☐
08:00			**오늘의 끄적임**
08:30			
09:00			♥ 나에게 사랑주기
09:30			오늘 난 해
10:00	Awesome 1		
10:30			
11:00			
11:30			
12:00			
12:30			
13:00			
13:30			
14:00			
14:30			
15:00			
15:30			
16:00			
16:30			
17:00			
17:30	Awesome 2		**Time spend a day**
18:00			숙면 🌙	
18:30			운동 💪	
19:00			쓰기 ✍	
19:30			읽기 📖	
20:00			마음주문 ✝	
20:30			전화 / 문자 📞	
21:00			인터넷 / SNS 💻	
21:30	Awesome		진로 ✈	
22:00	Night		휴식 🛌	
22:30			**개선할 시간**	
23:00			**하루 평가**	😊😕😀😣😄
23:30			**오늘의 다짐**	

87. S.W.E.E.T Daily Schedule

D –   20 년   월   일   요일

☐ A타입 : 7시간 30분 수면   ☐ B타입 : 6시간 수면   ☐ C타입 : 4시간 30분 수면

TIME	Awesome Daily	Action	CHK LIST	
24:00	Awesome Night		☐	
01:00			☐	
02:00			☐	
03:00			☐	
04:00			☐	
05:00			☐	
05:30			☐	
06:00			☐	
06:30	Awesome Morning		☐	
07:00			☐	
07:30			☐	
08:00			**오늘의 끄적임**	
08:30				
09:00			♥ 나에게 사랑주기	
09:30			오늘 난 해	
10:00	Awesome 1			
10:30				
11:00				
11:30				
12:00				
12:30				
13:00				
13:30				
14:00				
14:30				
15:00				
15:30				
16:00				
16:30				
17:00				
17:30	Awesome 2		**Time spend a day**	
18:00			숙면 ☾	
18:30			운동 🏋	
19:00			쓰기 ✍	
19:30			읽기 📖	
20:00			마음주문 ✝	
20:30			전화 / 문자 📞	
21:00			인터넷 / SNS 💻	
21:30	Awesome Night		진로 ✈	
22:00			휴식 🏖	
22:30			**개선할 시간**	
23:00			**하루 평가**	😊😕😋😣😆
23:30			**오늘의 다짐**	

88. S.W.E.E.T Daily Schedule

D –   20 년   월   일   요일

☐ A타입 : 7시간 30분 수면   ☐ B타입 : 6시간 수면   ☐ C타입 : 4시간 30분 수면

TIME	Awesome Daily	Action	CHK LIST
24:00	Awesome		☐
01:00	Night		☐
02:00			☐
03:00			☐
04:00			☐
05:00			☐
05:30			☐
06:00			☐
06:30	Awesome		☐
07:00	Morning		☐
07:30			☐
08:00			오늘의 끄적임
08:30			♥ 나에게 사랑주기
09:00			오늘 난 해
09:30			
10:00	Awesome 1		
10:30			
11:00			
11:30			
12:00			
12:30			
13:00			
13:30			
14:00			
14:30			
15:00			
15:30			
16:00			
16:30			
17:00			
17:30	Awesome 2		Time spend a day
18:00			숙면 🌙	
18:30			운동 🏋	
19:00			쓰기 ✍	
19:30			읽기 📖	
20:00			마음주문 ✝	
20:30			전화 / 문자 📞	
21:00			인터넷 / SNS 💻	
21:30	Awesome		진로 ✈	
22:00	Night		휴식 ☕	
22:30			개선할 시간	
23:00			하루 평가 ☺ ☹ 😋 😣 😎
23:30			오늘의 다짐

89. S.W.E.E.T Daily Schedule

D -   20 년   월   일   요일

☐ A타입 : 7시간 30분 수면   ☐ B타입 : 6시간 수면   ☐ C타입 : 4시간 30분 수면

TIME	Awesome Daily	Action	CHK LIST
24:00	Awesome Night		☐
01:00			☐
02:00			☐
03:00			☐
04:00			☐
05:00			☐
05:30			☐
06:00			☐
06:30	Awesome Morning		☐
07:00			☐
07:30			☐
08:00			**오늘의 끄적임**
08:30			
09:00			♥ 나에게 사랑주기
09:30			오늘 난 해
10:00	Awesome 1		
10:30			
11:00			
11:30			
12:00			
12:30			
13:00			
13:30			
14:00			
14:30			
15:00			
15:30			
16:00			
16:30			
17:00			
17:30	Awesome 2		**Time spend a day**
18:00			숙면 🌙	
18:30			운동 🏋	
19:00			쓰기 ✍	
19:30			읽기 📖	
20:00			마음주문 ✝	
20:30			전화 / 문자 📞	
21:00			인터넷 / SNS 💻	
21:30	Awesome Night		진로 ✈	
22:00			휴식 🛋	
22:30			개선할 시간	
23:00			하루 평가	☺ ☹ 😎 😣 😋
23:30			오늘의 다짐	

90. S.W.E.E.T Daily Schedule

D -   20 년   월   일   요일

☐ A타입 : 7시간 30분 수면   ☐ B타입 : 6시간 수면   ☐ C타입 : 4시간 30분 수면

TIME	Awesome Daily	Action	CHK LIST
24:00	Awesome Night		☐
01:00			☐
02:00			☐
03:00			☐
04:00			☐
05:00			☐
05:30			☐
06:00			☐
06:30	Awesome Morning		☐
07:00			☐
07:30			☐
08:00			**오늘의 끄적임**
08:30			
09:00			♥ 나에게 사랑주기
09:30			오늘 난 해
10:00	Awesome 1		
10:30			
11:00			
11:30			
12:00			
12:30			
13:00			
13:30			
14:00			
14:30			
15:00			
15:30			
16:00			
16:30			
17:00			

TIME	Awesome Daily	Action	Time spend a day	
17:30	Awesome 2		숙면 🌙	
18:00			운동 🏋	
18:30			쓰기 ✍	
19:00			읽기 📖	
19:30			마음주문 ✝	
20:00			전화 / 문자 📞	
20:30			인터넷 / SNS 💻	
21:00			진로 ✈	
21:30	Awesome Night		휴식 🏖	
22:00			**개선할 시간**	
22:30			**하루 평가**	☺ ☹ 😋 😣 😎
23:00			**오늘의 다짐**	
23:30				

91. S.W.E.T Daily Schedule

D - 　　　20 년　　월　　일　　요일

☐ A타입 : 7시간 30분 수면　　☐ B타입 : 6시간 수면　　☐ C타입 : 4시간 30분 수면

TIME	Awesome Daily	Action	CHK LIST
24:00	Awesome		☐
01:00	Night		☐
02:00			☐
03:00			☐
04:00			☐
05:00			☐
05:30			☐
06:00			☐
06:30	Awesome		☐
07:00	Morning		☐
07:30			☐
08:00			**오늘의 끄적임**
08:30			
09:00			♥ 나에게 사랑주기
09:30			오늘 난　　　해
10:00	Awesome 1		
10:30			
11:00			
11:30			
12:00			
12:30			
13:00			
13:30			
14:00			
14:30			
15:00			
15:30			
16:00			
16:30			
17:00			
17:30	Awesome 2		**Time spend a day**	
18:00			숙면 🌙	
18:30			운동 💪	
19:00			쓰기 ✍	
19:30			읽기 📖	
20:00			마음주문 ✝	
20:30			전화 / 문자 📞	
21:00			인터넷 / SNS 💻	
21:30	Awesome		진로 ✈	
22:00	Night		휴식 🏖	
22:30			개선할 시간	
23:00			하루 평가	☺ ☹ 😄 😣 😋
23:30			오늘의 다짐	

S.W.E.E.T Weekly Feedback

♥ 한 주의 일상을 되돌아보는 코칭 질문 5가지
: 서로 질문과 경청, 공감을 진행해보면 더욱 유익하다.

Q1 한 주간 열정을 가졌던 점은 무엇이었고, 그것에 대해 채워진 욕구는 무엇인가?

Q2 한 주간 아쉬웠던 점은 무엇이었고, 그것에 대해 채우고 싶은 욕구는 무엇인가?

Q3 한 주간 동료에게 배려했던 점과 배려하지 못해 아쉬운 점은 무엇인가?

Q4 한 주간 가족에게 관심을 가진 점과 관심을 가지지 못해 아쉬운 점은 무엇인가?

Q5 한 주간 좌우명에 맞추어 몇 점으로 측정하는가?(10점)

Time spend a 7day / etc.	
숙면 🌙	
운동 🏋	
쓰기 ✍	
읽기 📖	
마음 주문 ✝	
전화/문자 📞	
인터넷 / SNS 💻	
진로 🛫	
휴식 🏖	
개선할 시간	
1주일 평가	☺ 😐 😊 😣 😄
1주일 다짐	

♥ 한계를 넘는 1주일의 자유로운 노트 또는 이미지

92. S.W.E.E.T Daily Schedule

D − 　　　20 년 　 월 　 일 　 요일

☐ A타입 : 7시간 30분 수면　　☐ B타입 : 6시간 수면　　☐ C타입 : 4시간 30분 수면

TIME	Awesome Daily	Action	CHK LIST
24:00	Awesome Night		☐
01:00			☐
02:00			☐
03:00			☐
04:00			☐
05:00			☐
05:30			☐
06:00			☐
06:30	Awesome Morning		☐
07:00			☐
07:30			☐
08:00			**오늘의 끄적임**
08:30			
09:00			♥ 나에게 사랑주기
09:30			오늘 난　　　해
10:00	Awesome 1		
10:30			
11:00			
11:30			
12:00			
12:30			
13:00			
13:30			
14:00			
14:30			
15:00			
15:30			
16:00			
16:30			
17:00			

TIME	Awesome Daily	Action	Time spend a day	
17:30	Awesome 2		**Time spend a day**	
18:00			숙면 🌙	
18:30			운동 🏃	
19:00			쓰기 ✍	
19:30			읽기 📖	
20:00			마음주문 ✝	
20:30			전화 / 문자 📞	
21:00			인터넷 / SNS 💻	
21:30	Awesome Night		진로 ✈	
22:00			휴식 ☕	
22:30			**개선할 시간**	
23:00			**하루 평가**	☺ ☹ 😊 😖 😄
23:30			**오늘의 다짐**	

93. S.W.E.T Daily Schedule

D -   20 년   월   일   요일

□ A타입 : 7시간 30분 수면   □ B타입 : 6시간 수면   □ C타입 : 4시간 30분 수면

TIME	Awesome Daily	Action	CHK LIST
24:00	Awesome		□
01:00	Night		□
02:00			□
03:00			□
04:00			□
05:00			□
05:30			□
06:00			□
06:30	Awesome		□
07:00	Morning		□
07:30			□
08:00			오늘의 끄적임
08:30			
09:00			♥ 나에게 사랑주기
09:30			오늘 난 해
10:00	Awesome 1		
10:30			
11:00			
11:30			
12:00			
12:30			
13:00			
13:30			
14:00			
14:30			
15:00			
15:30			
16:00			
16:30			
17:00			
17:30	Awesome 2		Time spend a day
18:00			숙면 ☾
18:30			운동 ➤
19:00			쓰기 ✍
19:30			읽기 📖
20:00			마음주문 ✝
20:30			전화 / 문자 📞
21:00			인터넷 / SNS 💻
21:30	Awesome		진로 ✈
22:00	Night		휴식 🛌
22:30			개선할 시간
23:00			하루 평가 ☺ ☹ 😀 😔 😄
23:30			오늘의 다짐

94. S.W.E.E.T Daily Schedule　　　D -　　　20 년　월　일　요일

☐ A타입 : 7시간 30분 수면　☐ B타입 : 6시간 수면　☐ C타입 : 4시간 30분 수면

TIME	Awesome Daily	Action	CHK LIST
24:00	Awesome		☐
01:00	Night		☐
02:00			☐
03:00			☐
04:00			☐
05:00			☐
05:30			☐
06:00			☐
06:30	Awesome		☐
07:00	Morning		☐
07:30			☐
08:00			**오늘의 끄적임**
08:30			
09:00			♥ 나에게 사랑주기
09:30			오늘 난　　해
10:00	Awesome 1		
10:30			
11:00			
11:30			
12:00			
12:30			
13:00			
13:30			
14:00			
14:30			
15:00			
15:30			
16:00			
16:30			
17:00			
17:30	Awesome 2		**Time spend a day**
18:00			숙면 ☾	
18:30			운동 ☞	
19:00			쓰기 ✎	
19:30			읽기 📖	
20:00			마음주문 ✝	
20:30			전화 / 문자 ☏	
21:00			인터넷 / SNS 💻	
21:30	Awesome		진로 ✈	
22:00	Night		휴식 ☕	
22:30			**개선할 시간**	
23:00			**하루 평가**	☺ ☹ 😊 😣 😄
23:30			**오늘의 다짐**	

95. S.W.E.E.T Daily Schedule

D -   20 년   월   일   요일

☐ A타입 : 7시간 30분 수면   ☐ B타입 : 6시간 수면   ☐ C타입 : 4시간 30분 수면

TIME	Awesome Daily	Action	CHK LIST
24:00	Awesome		☐
01:00	Night		☐
02:00			☐
03:00			☐
04:00			☐
05:00			☐
05:30			☐
06:00			☐
06:30	Awesome		☐
07:00	Morning		☐
07:30			☐
08:00			오늘의 끄적임
08:30			♥ 나에게 사랑주기
09:00			오늘 난 해
09:30			
10:00	Awesome 1		
10:30			
11:00			
11:30			
12:00			
12:30			
13:00			
13:30			
14:00			
14:30			
15:00			
15:30			
16:00			
16:30			
17:00			
17:30	Awesome 2		Time spend a day
18:00			숙면 🌙
18:30			운동 🏋
19:00			쓰기 ✍
19:30			읽기 📖
20:00			마음주문 ✝
20:30			전화 / 문자 📞
21:00			인터넷 / SNS 💻
21:30	Awesome		진로 ✈
22:00	Night		휴식 🛏
22:30			개선할 시간
23:00			하루 평가 ☺ ☹ 😋 😖 😄
23:30			오늘의 다짐

96. S.W.E.E.T Daily Schedule

D -   20 년   월   일   요일

☐ A타입 : 7시간 30분 수면   ☐ B타입 : 6시간 수면   ☐ C타입 : 4시간 30분 수면

TIME	Awesome Daily	Action	CHK LIST
24:00	Awesome		☐
01:00	Night		☐
02:00			☐
03:00			☐
04:00			☐
05:00			☐
05:30			☐
06:00			☐
06:30	Awesome		☐
07:00	Morning		☐
07:30			☐
08:00			**오늘의 끄적임**
08:30			
09:00			♥ 나에게 사랑주기
09:30			오늘 난 해
10:00	Awesome 1		
10:30			
11:00			
11:30			
12:00			
12:30			
13:00			
13:30			
14:00			
14:30			
15:00			
15:30			
16:00			
16:30			
17:00			
17:30	Awesome 2		**Time spend a day**
18:00			숙면 🌙
18:30			운동 💪
19:00			쓰기 ✍
19:30			읽기 📖
20:00			마음주문 ✝
20:30			전화 / 문자 📞
21:00			인터넷 / SNS 💻
21:30	Awesome		진로 ✈
22:00	Night		휴식 🏖
22:30			**개선할 시간**
23:00			**하루 평가** 😊 😕 😄 😣 😋
23:30			**오늘의 다짐**

97. S.W.E.E.T Daily Schedule

D –   20 년   월   일   요일

☐ A타입 : 7시간 30분 수면   ☐ B타입 : 6시간 수면   ☐ C타입 : 4시간 30분 수면

TIME	Awesome Daily	Action	CHK LIST
24:00	Awesome Night		☐
01:00			☐
02:00			☐
03:00			☐
04:00			☐
05:00			☐
05:30			☐
06:00			☐
06:30	Awesome Morning		☐
07:00			☐
07:30			☐
08:00			**오늘의 끄적임**
08:30			
09:00			♥ 나에게 사랑주기
09:30			오늘 난 해
10:00	Awesome 1		
10:30			
11:00			
11:30			
12:00			
12:30			
13:00			
13:30			
14:00			
14:30			
15:00			
15:30			
16:00			
16:30			
17:00			
17:30	Awesome 2		**Time spend a day**
18:00			숙면 🌙
18:30			운동 🏋
19:00			쓰기 ✍
19:30			읽기 📖
20:00			마음주문 ✝
20:30			전화 / 문자 📞
21:00			인터넷 / SNS 💻
21:30	Awesome Night		진로 ✈
22:00			휴식 🛌
22:30			**개선할 시간**
23:00			**하루 평가** ☺ ☹ 😊 😣 😄
23:30			**오늘의 다짐**

98. S.W.E.E.T Daily Schedule

D -   20 년   월   일   요일

☐ A타입 : 7시간 30분 수면   ☐ B타입 : 6시간 수면   ☐ C타입 : 4시간 30분 수면

TIME	Awesome Daily	Action	CHK LIST
24:00	Awesome Night		☐
01:00			☐
02:00			☐
03:00			☐
04:00			☐
05:00			☐
05:30			☐
06:00			☐
06:30	Awesome Morning		☐
07:00			☐
07:30			☐
08:00			**오늘의 끄적임**
08:30			
09:00			♥ 나에게 사랑주기
09:30			오늘 난 해
10:00	Awesome 1		
10:30			
11:00			
11:30			
12:00			
12:30			
13:00			
13:30			
14:00			
14:30			
15:00			
15:30			
16:00			
16:30			
17:00			

TIME	Awesome Daily	Action	Time spend a day	
17:30	Awesome 2		**Time spend a day**	
18:00			숙면 🌙	
18:30			운동 🏃	
19:00			쓰기 ✍	
19:30			읽기 📖	
20:00			마음주문 ✝	
20:30			전화 / 문자 📞	
21:00			인터넷 / SNS 💻	
21:30	Awesome Night		진로 ✈	
22:00			휴식 🏖	
22:30			**개선할 시간**	
23:00			**하루 평가**	☺ ☹ 😋 😣 😝
23:30			**오늘의 다짐**	

99. S.W.E.E.T Daily Schedule

D – 　　 20 년 　 월 　 일 　 요일

☐ A타입 : 7시간 30분 수면 　 ☐ B타입 : 6시간 수면 　 ☐ C타입 : 4시간 30분 수면

TIME	Awesome Daily	Action	CHK LIST
24:00	Awesome Night		☐
01:00			☐
02:00			☐
03:00			☐
04:00			☐
05:00			☐
05:30			☐
06:00			☐
06:30	Awesome Morning		☐
07:00			☐
07:30			☐
08:00			**오늘의 끄적임**
08:30			♥ 나에게 사랑주기
09:00			오늘 난 　 해
09:30			
10:00	Awesome 1		
10:30			
11:00			
11:30			
12:00			
12:30			
13:00			
13:30			
14:00			
14:30			
15:00			
15:30			
16:00			
16:30			
17:00			
17:30	Awesome 2		**Time spend a day**
18:00			숙면 ☾
18:30			운동 🏃
19:00			쓰기 ✍
19:30			읽기 📖
20:00			마음주문 ✝
20:30			전화 / 문자 📞
21:00			인터넷 / SNS 💻
21:30	Awesome Night		진로 ✈
22:00			휴식 🛋
22:30			**개선할 시간**
23:00			**하루 평가** ☺☹😋☹😋
23:30			**오늘의 다짐**

100. S.W.E.E.T Daily Schedule

D -   20 년   월   일   요일

☐ A타입 : 7시간 30분 수면   ☐ B타입 : 6시간 수면   ☐ C타입 : 4시간 30분 수면

TIME	Awesome Daily	Action	CHK LIST
24:00	Awesome Night		☐
01:00			☐
02:00			☐
03:00			☐
04:00			☐
05:00			☐
05:30			☐
06:00			☐
06:30	Awesome Morning		☐
07:00			☐
07:30			☐
08:00			**오늘의 끄적임**
08:30			
09:00			♥ 나에게 사랑주기
09:30			오늘 난 해
10:00	Awesome 1		
10:30			
11:00			
11:30			
12:00			
12:30			
13:00			
13:30			
14:00			
14:30			
15:00			
15:30			
16:00			
16:30			
17:00			
17:30	Awesome 2		**Time spend a day**
18:00			숙면 🌙	
18:30			운동 🏃	
19:00			쓰기 ✍	
19:30			읽기 📖	
20:00			마음주문 ✝	
20:30			전화 / 문자 📞	
21:00			인터넷 / SNS 💻	
21:30	Awesome Night		진로 ✈	
22:00			휴식 🛌	
22:30			**개선할 시간**	
23:00			**하루 평가** ☺ ☹ 😊 😣 😋
23:30			**오늘의 다짐**

S.W.E.E.T Weekly Feedback

♥ **한 주의 일상을 되돌아보는 코칭 질문 5가지**
: 서로 질문과 경청, 공감을 진행해보면 더욱 유익하다.

Q1 한 주간 열정을 가졌던 점은 무엇이었고, 그것에 대해 채워진 욕구는 무엇인가?

Q2 한 주간 아쉬웠던 점은 무엇이었고, 그것에 대해 채우고 싶은 욕구는 무엇인가?

Q3 한 주간 동료에게 배려했던 점과 배려하지 못해 아쉬운 점은 무엇인가?

Q4 한 주간 가족에게 관심을 가진 점과 관심을 가지지 못해 아쉬운 점은 무엇인가?

Q5 한 주간 좌우명에 맞추어 몇 점으로 측정하는가?(10점)

Time spend a 7day / etc.	
숙면 🌙	
운동 🏃	
쓰기 ✍	
읽기 📖	
마음 주문 ✝	
전화/문자 📞	
인터넷 / SNS 💻	
진로 ✈	
휴식 ⛱	
개선할 시간	
1주일 평가	☺ ☹ 😊 😣 😊
1주일 다짐	

♥ **한계를 넘는 1주일의 자유로운 노트 또는 이미지**

```



```

S.W.E.T Monthly Feedback

20 년 월 '   '

● Motto :

날짜	20 년 월 일 ~ 일	
월 주제		
심리		
Motto **좌우명** **(내부)**		
Motto **좌우명(외부)**	잘한 점	아쉬운 점
Relationship **관계**	잘한 점	아쉬운 점
Reading **읽기**	잘한 점	아쉬운 점
Write **쓰기**	잘한 점	아쉬운 점
Sleep **운동 · 수면**	잘한 점	아쉬운 점

S.W.E.E.T 100 day Feedback

● Motto :

월 주제		월 주제		월 주제	

● Psychology 심리

이룬 점	
아쉬웠던 점	
바람과 다짐	

● Relationship 관계

이룬 점	
아쉬웠던 점	
바람과 다짐	

● Reading 읽기

이룬 점	
아쉬웠던 점	
바람과 다짐	

● Write 쓰기

이룬 점	
아쉬웠던 점	
바람과 다짐	

● Sleep 운동 · 수면

이룬 점	
아쉬웠던 점	
바람과 다짐	

Time spend a 100 day / etc.	
숙면 🌙	
운동 🦵	
쓰기 ✍	
읽기 📖	
마음 주문 ✝	
전화/문자 📞	
인터넷 / SNS 💻	
진로 ⚓	
휴식 🏖	
개선할 시간	
1주일 평가	☺ ☹ 😃 😵 😋
1주일 다짐	

♥ 한계를 넘어 100일의 자유로운 노트 또는 이미지

모든 사람은 천재다.
하지만 물고기들을
나무타기 실력으로 평가한다면
물고기는 평생
자신이 형편없다고 믿으며 살아갈 것이다.

- 알버트 아인슈타인

감성 에너지가 행복이다.
긍정적인 감정 습관, S.W.E.E.T 100일

감성 에너지가 행복이다.
긍정적인 감정 습관, S.W.E.E.T 100일

감성 에너지가 행복이다.
긍정적인 감정 습관, S.W.E.E.T 100일

감성 에너지가 행복이다.
긍정적인 감정 습관, S.W.E.E.T 100일

감성 에너지가 행복이다.
긍정적인 감정 습관, S.W.E.E.T 100일

감성 에너지가 행복이다.
긍정적인 감정 습관, S.W.E.E.T 100일

감성 에너지가 행복이다.
긍정적인 감정 습관, S.W.E.E.T 100일

감성 에너지가 행복이다.
긍정적인 감정 습관, S.W.E.E.T 100일

감성 에너지가 행복이다.
긍정적인 감정 습관, S.W.E.E.T 100일

감성 에너지가 행복이다.
긍정적인 감정 습관, S.W.E.E.T 100일

감성 에너지가 행복이다.
긍정적인 감정 습관, S.W.E.E.T 100일

감성 에너지가 행복이다.
긍정적인 감정 습관, S.W.E.E.T 100일

감성 에너지가 행복이다.
긍정적인 감정 습관, S.W.E.E.T 100일

감성 에너지가 행복이다.
긍정적인 감정 습관, S.W.E.E.T 100일

감성 에너지가 행복이다.
긍정적인 감정 습관, S.W.E.E.T 100일

감성 에너지가 행복이다.
긍정적인 감정 습관, S.W.E.E.T 100일

감성 에너지가 행복이다.
긍정적인 감정 습관, S.W.E.E.T 100일

감성 에너지가 행복이다.
긍정적인 감정 습관, S.W.E.E.T 100일

감성 에너지가 행복이다.
긍정적인 감정 습관. S.W.E.E.T 100일

감성 에너지가 행복이다.
긍정적인 감정 습관, S.W.E.E.T 100일

감성 에너지가 행복이다.
긍정적인 감정 습관, S.W.E.E.T 100일

감성 에너지가 행복이다.
긍정적인 감정 습관, S.W.E.E.T 100일

감성 에너지가 행복이다.
긍정적인 감정 습관, S.W.E.E.T 100일

감성 에너지가 행복이다.
긍정적인 감정 습관, S.W.E.E.T 100일

감성 에너지가 행복이다.
긍정적인 감정 습관, S.W.E.E.T 100일

감성 에너지가 행복이다.
긍정적인 감정 습관, S.W.E.E.T 100일

감성 에너지가 행복이다.
긍정적인 감정 습관, S.W.E.E.T 100일

S.W.E.E.T 100 DAYS

시간관리 다이어리

펴낸날 초판 1쇄 2018년 12월 10일

지은이 김안숙

펴낸이 강진수
편집팀 김은숙, 이가영
디자인 강현미

인쇄 (주)우진코니티

펴낸곳 (주)북스고 | **출판등록** 제2017-000136호 2017년 11월 23일
주소 서울시 중구 퇴계로 253(충무로 5가) 삼오빌딩 705호
전화 (02) 6403-0042 | **팩스** (02) 6499-1053

ISBN 979-11-89612-07-8 13190

책 출간을 원하시는 분은 이메일 booksgo@naver.com로 간단한 개요와 취지, 연락처 등을 보내주세요.
Booksgo는 건강하고 행복한 삶을 위한 가치 있는 콘텐츠를 만듭니다.